映画の名言

366日

品川 亮 選・文

三才ブックス

はじめに

「映画の名セリフ、特に鼓舞してくれる言葉を集めましょう」というのが、この本の企画の出発点です。さらに、「せっかくなので毎日一つずつ、一年間読める本にしては？　閏年でも困らない方がいいでしょう」という三才ブックス神浦高志さんのアイディアから、三六六本を集めることになりました。元気づけてくれる映画はたくさんありますし、当初は、いくらでも見つかるだろうという軽い気持ちでした。

ところが一〇〇本にも達しないうちにふと、「ところで、"鼓舞してくれる言葉"って何だろう？」と気になり始めました。

ストレートに考えると、「弱っている時に励ましてくれる言葉」ということになるのでしょう。「迷っている時に背中を押してくれる」、「今自分の置かれている状況（現状）を肯定してくれる」というものも、同じカテゴリーに入りそうです。でも、それだけが "鼓舞してくれる言葉" なのかな？　という疑問が頭をもたげました。

たとえば、「共感できる考え方を示してくれる言葉」はどうでしょうか。「気づいていなかったことに気づかせてくれる言葉」もあります。そういうものに接すると、自

分でも言葉にしたことがなかったというより、存在することすら知らなかった自分自身の気持ちに気づかせてくれたりして、「イイこと言うなぁ」とか「たしかに！」とうなりたくなります。まとめてしまえば、「真実に目を開かせてくれる言葉」ということになるのでしょうか。

たとえ目をそらしたくなるようなイヤな内容だったとしても、ある真実を剥き出しに提示され、それが深く腑に落ちると、そこからふつふつ闘志が湧き上がり、心と頭が活性化され、身体中に元気がみなぎるということはたしかにあります。あまりに的を射ているので、思わずぷっと吹き出してしまい、頭がすっきりすることも。そういうのもすべて、"鼓舞される"に入るのではないか、そう思え始めたのです。

そういうわけでこの本には、広い意味での"鼓舞してくれる言葉"が集まることになりました。中には、数はそれほど多くないはずですが、毒気の強いものもあります。効き方はその日の調子によって違うはずです。「ちょっとこれは」と感じられたら、脇に置いておいてください。たぶん、一年を過ぎる間には、そういうものを必要とする日も来ると思います。少なくとも、私自身の場合はそうでした。

解説では、できるかぎりどんな映画だったのか思い出せるように、あるいは興味を持っていただけるように、あらすじ（の一部）には触れてあります。言葉を読めばな

にがしかがすぐに伝わるもの、蛇足のない方がかえって深く響きそうな言葉は、解釈の仕方や受け止め方などについてよけいな説明をしませんでした。

ところで、これはあたりまえのことですが、必ずしも抜き出せる言葉があるから良い映画ではなく、ものすごく良い映画なのに言葉としては一つも抜き出せないという作品もたくさんあります。大ざっぱに言ってしまうと、映画には、言葉（セリフ）で感動させることを目的としたものから、映画全体で言葉にできない感動を与えるものまで広い幅があって、たいていの作品はその中間地点で言葉にできる感動を与えるものまで広い幅があって、たいていの作品はその中間地点で言葉にできる最善のバランスを探っているのですが、中には両極端に振り切っている（からこそすごい）作品もあることを、この本をまとめながら改めて実感しました。

つまり、言いわけめきますが、この本で紹介された作品がすべてすばらしい映画というわけではないということを、念のため書きとめておきたいと思います。それでも、ほとんどはお薦めの作品ですし、ここでご紹介している言葉が鼓舞してくれるものであることは間違いありません。

品川亮

1
月

過去は終わってしまったこと。
未来はこれから
どうにでもなる。
だから大切なのは現在だ。

『ブロークン・フラワーズ』

監督・脚本：ジム・ジャームッシュ（2005年）

人生の盛りを過ぎた中年男ドンが、ふとしたことから、かつ
ての恋人たちを訪ねることになります。道中、1人の若者に
出会い、人生の先輩としての助言を求められます。その時の
ドンの答えが、これ。囚われる過去はいくらでもあるけれど、
結局重要なのは今。でも渦中にある時には、自分ではなか
なか気づけないものです。実際、この言葉を口にしたドン自
身が気づいていません。新しい年のはじまる日にふさわしい
言葉ではないでしょうか。

友は近くに、敵はもっと近くに置け。

『ゴッドファーザー PART II』

監督：フランシス・フォード・コッポラ（1974年）

ヴィト・コルレオーネが徐々にファミリーを築き上げる姿と、その息子マイケルが跡を継ぎ苦闘する姿を同時に描く、シリーズ2作目です。このセリフは、父から学んだ知恵として口にする言葉。マイケルは、父の仲間だったあるボスが裏切り者であることを知りつつ、親しい関係を保つという選択をします。油断させ、処分の機会を狙うわけです。この視点から、仕事始めに備えて人間関係を再点検しても良いかもしれません。

人はみな死ぬ。
だが、ほんとうの意味で
生きたと
言える者は少ない。

『ブレイブハート』
監督：メル・ギブソン（1995 年）

13 世紀末のスコットランドで、イングランドに叛旗を翻した
ウィリアム・ウォレス。大きな抵抗運動を展開するも最終的
には捕えられ、でも最後まで大義を曲げません。大義のた
めに命を捨てる構図には乗れないところがありますが、この
セリフで思い出すのは、コミック『ウォーキング・デッド』の
「死者に支配された世界で初めて、人はほんとうの意味で生
き始めた」という惹句です。このセリフと表裏一体のものでは
ないでしょうか。メル・ギブソンの誕生日に。

一日で
決められなければ、
永久に
決められない。

『ミュンヘン』

監督：スティーヴン・スピルバーグ（2005年）

イスラエル人選手が11人殺されたミュンヘン・オリンピック事件への報復として、首謀者たちを暗殺するための実行部隊が結成されます。このセリフは、イスラエルの情報機関を率いるザミール将軍が、主人公アヴナーに、リーダーとして部隊に参加するかどうかの決断を迫る時の言葉。アヴナーほど難しい状況ではなくても、直観的に決めなければできない決断はたしかにあります。そんな時に効く言葉ではあります。決めることの多い仕事始めの時期に。

明日の〝完璧な計画〟よりも、
今日の〝マシな計画〟だ。

『ウワサの真相／ワグ・ザ・ドッグ』

監督：バリー・レヴィンソン(1997年)

大統領のスキャンダルから国民の目をそらすために、揉み消しの専門家コンラッドが雇われ、架空の戦争が始まります。結果、まんまと支持率が回復するのですが、たちまち元のもくあみになりかけて新たな策を投入、という具合にドタバタが続きます。このセリフはコンラッドのもの。この映画で見られるように、現場の現実主義は時に害悪となりますが、完璧を期していてはいつまでも始まらないし終わらない仕事もあります。新しい仕事にとりかかるこの時期に。

旅も人生とおなじで、
荷物をどれだけ
少なくしても
かならず
多くなってしまう。

『偶然の旅行者』

監督：ローレンス・カスダン（1988 年）

主人公のメイコン・リアリーは、出張者向けの旅行ガイド
ブックを書いています。その中に登場するアドバイスの核心
が、これ。機中話しかけられないように、本を 1 冊持ってい
くのは良い。でもそれ以上はダメ。暇な時間は思ったよりも
ぜったいに少ないから。などなど、うなずけるコツがいっぱ
いです。それでももちろん、思いがけず人生のお荷物が増え
てしまうという物語なわけですが、そのお荷物こそが大切、
ということに気づくお話でもあるのです。

世界は遊び場。
子どもの頃は
みんなわかってるのに、
いつの間にか
忘れちゃうのよね。

『イエスマン "YES" は人生のパスワード』
監督：ペイトン・リード（2008 年）

いつでもなんにでも「NO」と応えるカールの人生は、どうも
うまくいきません。見かねた同僚に連れて行かれた自己啓
発セミナーで、どんなことにでも「YES」と応えることを誓わ
されます。「YES」の連鎖は困難も招きますが、魅力的な女
性アリソンとの出会いにもつながります。このセリフは、ア
リソンの語る、人生を楽しむ秘訣です。他人にどう思われよ
うが、楽しいことをやればいいというわけです。新年の新鮮
さを忘れないように。

人間の努力に限界はありません。

私たちは、

一人ひとりみんな違う存在です。

どんなにひどい人生に思えても、

できることは必ずあります。

生きているかぎり希望はあるのです。

『博士と彼女のセオリー』

監督：ジェームズ・マーシュ（2014 年）

理論物理学者のスティーヴン・ホーキング博士と、30 年間
彼と結婚していたジェーン・ワイルド・ホーキングの姿を描
いた映画です。ご存じのとおりホーキング博士は、筋萎縮
性側索硬化症を患いながらも専門分野で輝かしい功績をあ
げ、しかもそれを一般読者に届ける才能まで持っていまし
た。そういう人にこう言われても、他人事と感じてしまいそ
うになります。でもキモは、「一人ひとり違う存在」という部
分ではないでしょうか。博士の誕生日に。

「人生に期待するのはやめろ！

どんだけがんばっても無駄だ。

ぜったい成功なんてできないのさ。

どうやったって負け犬になるのがオチだ。

世界はアイツらに牛耳られてるからな」

「アイツらって？」

「知らないのか？ どこにでもいるぞ。

ホワイト・ハウスにもいるし……

この学校にだっている。

アイツらがオゾン層を破壊し、

ジャングルを焼き払ってるんだよ。

でもな、かつてはやり返す方法があった。

それがロックンロールだ。なのに、アイツらはそれも台無しにしやがった。MTVっていう、こざかしい仕掛けでな！だから、無駄なことはもうやめちまえ。カッコいいものとか、純粋でものすごいものを生み出そうなんてやめた方がいい。どうせすぐにアイツらがやってきて、おまえら負け犬の心をひねりつぶすことになるだけなんだ。だから早いとこぜんぶ諦めて、がんばるのをやめるんだな！」

『スクール・オブ・ロック』

監督：リチャード・リンクレイター（2003年）

デューイは、人生のすべてをかけてロックを愛していますが、そのせいで音楽活動はおろか生活もうまくいきません。苦肉の策で、私立進学校の臨時教師の座に紛れ込みます。そこで生徒たちにぶった演説がこれ。自分自身が言われ続けてきた「諦めろ」に対して、反語表現で抗弁しているわけです。デューイは生徒と共に見事なロック・バンドを結成し、彼らのお行儀良く抑圧された心も解放します。彼が"ロックの神"と呼ぶ者の1人、ジミー・ペイジの誕生日に。

おれは、
衣装持ちをする
タイプじゃないけど、
もしなにかあって、
おれが必要になったら……
いつでも駆けつけるぜ。

『ストリート・オブ・ファイヤー』
監督：ウォルター・ヒル（1984年）

舞台はシカゴの片隅、時代は1950年代のように見えます。地元凱旋ライヴの最中に、歌手のエレンが拉致されます。別の町のバイカー・ギャング、ザ・ボマーズのしわざでした。そこで元兵士でありエレンの元恋人でもあるトムが、救出に雇われます。再会した2人の間は燃え上がり、ザ・ボマーズのリーダー、レイヴンとの最後の対決の時が来ます。これはすべてが終わった後、別れの言葉。「いつでも駆けつけるぜ」とは、一度は口にしてみたいものです。ヒル監督の誕生日に。

恐怖に実体はない。
先のことをあれこれ考える
おまえの頭の中にしかないんだ。（中略）
ただし間違えるなよ。
危険はまぎれもなく現実のものだ。
だがそれを怖れるかどうかは、
自分自身で決めることだ。

『アフター・アース』

監督・脚本：M・ナイト・シャマラン（2013年）

地球を去ってから1000年、人類は遠く離れた別の惑星で生きています。そこには、人間の恐怖を嗅ぎ取って食い殺す巨大生物がいますが、それに対抗するため、恐怖を抑える術を習得したのが、レンジャー部隊司令官のサイファ。彼は最後の任務で、息子キタイと共に人類滅亡後の地球に不時着します。そこは、進化した凶暴な動物たちの棲む世界と化していました。恐怖と戦う息子にかけた言葉がこれ。新しい環境や仕事に怯むことがあるかもしれないこの時期に。

遅すぎることはない。

なりたい自分になるのは、

いつだっていい。

いつ始めてもいいし、

いつやめてもいい。

変わってもいいし、

変わらなくてもいい。

人生にルールはないんだ。

最高の人生にするのも、

最悪な人生にするのも自由だ。

もちろん、きみには

最高の人生を送ってもらいたいけどね。

いろんなことにびっくりしたり、

初めての感情に揺さぶられたり

いろんな価値観を持つ人に

出会うことを祈っているよ。

誇りを持てるような人生を

送ってもらいたい。

そして願わくば、

道を見失った時にも、

最初からやり直す力を持てますように。

『ベンジャミン・バトン　数奇な人生』

監督：デイヴィッド・フィンチャー（2008年）

主人公は老人として生まれ、若返りながら人生を生きていきます。大切な人とも、一緒にいられるのはすれ違う間の限られた時間だけ。そんなベンジャミンが、娘に宛てて書いたのがこの手紙です。娘であっても、あっという間に年齢が逆転してしまいます。そんな彼の生涯を考えると、人生をどう生きようと自由だ、と語りかけるこの言葉からはさらに切実な実感が伝わってきます。いつでもやり直せることを忘れないように、1年の出だしのこの時期に。

一歩ずつ
前進すればいい。
完璧を求める
必要はない。

『イコライザー』

監督：アントワン・フークワ（2014年）

元海兵隊でアメリカ国防情報局の工作員だったロバート
は、亡き妻との約束を守り、今は平和な日々を送っています。
ホームセンター勤務の後、深夜のダイナーで読書をするの
が日課です。同じ店の常連である10代の売春婦アリーナと
言葉を交わすようになりますが、やがてマフィアに痛めつけ
られた彼女を救出することに。このセリフは、警備員になる
ことを半ば諦めたまま夢見ている若者に、ロバートがかけた
言葉です。1年の最初の月にはりきりすぎないように。

生まれて初めて、
大人のふりしてる
子どもみたいな
気分が抜けたんだ。

『ヤング・アダルト・ニューヨーク』
監督・脚本：ノア・バームバック（2015年）

もちろん、成人年齢を過ぎたら"大人"というわけではありません。40代の主人公ジョシュの場合は、同じ映画の道を志す20代のジェイミーとの交流を通して初めて、自分はいつの間にか大人になっていたことに気づきました。やがては"若者"のなりふり構わない猛進ぶりにいらだつことになるわけですが、そのこと自体が大人になっていたことを実感させます。個人的には、寿司屋で「旦那」と呼ばれた時に初めて大人になったと感じました。成人式の時期に。

相手は強い。
お前が平幕なら、
向こうは横綱だ。
しかし、
だからこそ勝機がある。
向こうは勝って
当たり前だからな。

『シコふんじゃった。』
監督・脚本：周防正行（1992年）

廃部寸前の相撲部が、まったく相撲に興味のない助っ人学
生を迎え入れたところから、物語は動き始めます。試合を
前にしたダメ部員たちに、監督のかける言葉がこれです。こ
れはまさに、弱い選手が奇跡的な勝利をおさめるというス
ポーツものの定石ともいえる考え方です。もちろん、それが
わかっていても映画は楽しめますし、現実世界で何かムチャ
なことに挑む時には、頭に浮かべる言葉でもあります。定石
には必ず真実が含まれているはずと信じて。

自分が学んだことの
質を信じるんだ。
量ではなくね。

『ベスト・キッド』

監督：ジョン・G・アヴィルドセン（1984年）

弱々しい転校生ダニエルが不良少年たちに痛めつけられ、偶然知り合った日系人のミヤギから独特な方法で空手を学び始めるというお話。やがて、勝つことだけに価値をおく歪んだ精神の道場に通っているいじめっ子たちのリーダーと、少年空手の選手権で対決することに。学び始めて日の浅いダニエルは、勝ち目はあるのかと不安を漏らします。その時のミヤギの応えがこれ。要するに自分を信じろということですが、年明け早々のこの時期に欲しい言葉です。

「百万両とは大きい」

「いや、それも
言い伝えだから正確には
分からないがね」

「いや、金の話と喧嘩は
大きい方が面白い。
話半分として五十万両か」

『丹下左膳余話 百萬両の壺』

監督：山中貞雄(1935年)

ある藩に伝わる"こけ猿の壺"。見た目は汚いこの壺には、百万両のありかを示す地図が塗り込められていました。壺は藩主の弟、源三郎のもとにありましたが、気づいた時には屑屋を通して少年安公の手もとに。そして安公は、丹下左膳が用心棒をしている店に引き取られます。その店に通い始めた源三郎と左膳の会話がこれ。血眼になって探すというより、見つからない宙づりの時間を楽しむ余裕が感じられます。今年もそんな余裕を忘れないよう、年の初めのこの時期に。

「マーちゃん、
俺たちもう
終わっちゃったのかな?」
「バカヤロー!
まだ始まっちゃいねーよ!」

『キッズ・リターン』

監督・脚本：北野武(1996年)

1人はヤクザとして、もう1人はボクサーとして、それぞれの
世界で名を上げる親友2人。でも、自業自得ともいえる挫折
の時がやってきます。特に、若くして成功する人間にありが
ちな展開のように見えるかもしれません。でもそういう教
訓物語ではないからこそ、このセリフがみなの胸を撃つので
しょう。成功と挫折に年齢は関係ないというよりむしろ、挫
折からの成功に年齢は関係ないというふうに受け取りたく
なります。映画作家北野武の誕生日に。

仕事だもん。
楽しいばかりじゃ
ないわ。

『魔女の宅急便』

監督・脚本：宮崎駿(1989年)

キキは、13歳の魔女。修行のために家を出て、町で1人暮らし中。ほうきで空を飛べるという"才能"を活かして、"宅急便"を仕事に。飛ぶことを夢見ている友だちのトンボにとって、その才能は眩しいばかり。ところがキキの方は、才能の限界や仕事の現実が頭に浮かび、素直になれません。でもほんとうはこういう時、「才能を活かした仕事はステキ」と言ってくれるトンボみたいな人の言葉を信じるべきなのでしょう。主題歌を提供した荒井(松任谷)由実の誕生日に。

幼稚園の頃、覚えてる？
会ったばかりの相手でも、
十秒もしたら親友みたいになって
一緒に遊んでたでしょ。
あの頃は、自分を飾る
必要がなかったからなんだよね。

『ハイスクール・ミュージカル』
監督：ケニー・オルテガ（2006年）

近年、学園ものといえば、ドラッグ、暴力、セックスがつき
もの。でももちろん、現実世界をそのまま反映しなければ
作品として価値がない、というわけではありません。むしろ
そういうものがいっさい視界に入ってこないからこそ、新鮮
に見えることもあります。それがこの映画。まさに、ここで
語られている"幼稚園時代"のような、ある種の桃源郷が展
開されていました。そういえば、初対面で丁寧語を使うよう
になったのはいつ頃だっただろうと考えさせられました。

そりゃ難しいさ。
難しくなきゃ誰でもやってる。
難しいからこそ、
やる価値があるんだ。

『プリティ・リーグ』
監督：ペニー・マーシャル（1992 年）

———————————————————————

全米女子プロ野球リーグは、1943 年から 1954 年まで存在
しました。その創設の物語を映画化したのがこの作品。戦
争中である上、女性が自らの意志で行動するだけで抵抗に
遭う時代のこと、ヒロインの所属するチームの監督ですら当
初は半信半疑でしたが、やがてはこんな言葉を投げかける
までに。主演ジーナ・デイヴィスの誕生日に。ちなみにマー
シャル監督は、長編第 2 作の『ビッグ』（1988 年）で、興行収
入 1 億ドルを超えた初めての女性監督となりました。

お金は必要です。
でも大切なものじゃない……
わたしは
道化師ですから。

『ナイト・オン・ザ・プラネット』

監督・脚本：ジム・ジャームッシュ（1992年）

LA、ニューヨーク、パリ、ローマ、ヘルシンキの各都市を舞台に、同じ夜のタクシー運転手と客の物語をスケッチします。これはNY編の運転手ヘルムートの言葉。英語はおろか運転もままならない彼は、故国東ドイツではプロの道化師でした。これは、見かねて運転を代わり「金は絶対に数えろ」と街の流儀まで教える乗客のヨーヨーへの言葉。元共産圏の考え方と言えばそれまでですが、金は必要なものでしかないと言われると爽やかな気持ちになります。真冬の夜に。

努めて物事を見ること。
努めて物事を想像すること。
前者は"目を開けて見よ"、
後者は"目を閉じよ"
ということだ。

『アワーミュージック』

監督・脚本：ジャン＝リュック・ゴダール（2004年）

戦争の映像の断片で構成される「王国1：地獄」の後、「王国2：煉獄」ではゴダールが講演のためにサラエヴォを訪れ、「王国3：天国」ではアメリカ海兵隊に守られた"天国"の風景が夢想されます。この言葉はゴダールの講演から。映像は言葉以上に"雄弁に物語"りますが、それゆえ言葉に"覆い隠され"、プロパガンダになる危険性があると指摘します。1年最初の月が終わるこの時期に、一度目を閉じて静かに想像を巡らせるのもいいかもしれません。

"寛容"とは何か？

人間にとって必要不可欠なものだ。

なぜなら、人はみな弱さや過ちの

かたまりだからだ。

お互いの愚かさを許し合おうじゃないか。

そうするのが、いちばん自然なことだ。

『ローマンという名の男　―信念の行方―』

監督・脚本：ダン・ギルロイ（2017年）

ローマンは、公民権運動時代から闘い続けてきた、信念と能力を併せ持つ弁護士です。ただ仕事以外のことが極端に苦手で、パートナーのジャクソンが急逝すると路頭に迷うことに。このセリフは、高潔な弁護士として知られたジャクソンが授業で話した言葉を、教え子の1人が引用したもの。たしかに、他人の過ちに怒りが湧いた時、お互い様と思えば少しは気持ちが落ち着きます。今日は法律扶助の日。弁護士費用の立て替えや紹介などの援助を行う社会制度です。

望んでこんなところに
いるやつはいない。
だがな、これが俺たちの仕事なんだ。
無駄に生きるか、
価値あるもののために闘って死ぬか。
自分で決めろ。

『ランボー／最後の戦場』

監督：シルヴェスター・スタローン（2008年）

前作から20年後のシリーズ4作目。ランボーは、タイの奥
地で細々と生きています。そこへ医師を含む一団が現れ、ガ
イドを依頼。人道支援のためミャンマー領内にあるカレン
族の村まで行きたいと言うのです。ところが一行は、非道な
行動を続ける軍の一隊に捕えられてしまいます。ランボー
は、救出のために雇われた傭兵たちを案内する役を引きう
け、最終的には作戦を積極的に先導することに。これは安
全策を選ぼうとする傭兵たちに投げかけたセリフです。

何も持ってないことが、時には最強の武器になるのさ。

『暴力脱獄』

監督：スチュアート・ローゼンバーグ（1967年）

社会のルールに逆らってみるためだけに犯したちょっとした罪のために、刑務所へと送られる主人公ルーク。そこでも、不条理なまでに過酷な所長らにことごとく逆らい、幾度も脱走を試みます。必敗の戦いを繰り返すルークは、やがて仲間の囚人たちの尊敬を集めるように。ハッタリだけでポーカーに勝ったルークが相手に言うこのセリフには、彼の生きる姿勢が集約されているようでもあります。ルークを演じたポール・ニューマンの誕生日に。

「眼鏡を忘れたみたいだ。
よく見えない」
「眼鏡なしの方が、
よく見えるはずだ」

『デッドマン』

監督・脚本：ジム・ジャームッシュ（1995年）

19世紀後半のアメリカ西部が舞台です。詩人ウィリアム・ブレイクと同じ名を持つ青年が騒ぎに巻き込まれ、無実の罪で追われることに。そして深い傷を負い、ノーボディと名乗るインディアンに助けられます。そこから旅が始まるのですが、これは道中の2人のやりとりです。ノーボディの言葉を、"見えないと感じることで見えてくるものがある"と受け取るなら、新年気分が抜けきるこの時期に、あえてもう一度立ち止まってみるために。

希望ってのは良いものだよ。
いちばん良いものかもしれない。
しかも良いものってのは
滅びないんだ。

『ショーシャンクの空に』

監督・脚本：フランク・ダラボン（1994年）

主人公のアンディは無実の殺人罪で終身刑となり、刑務所に入れられます。横暴な所長とその暴力的な手下に支配されているそこは、あまりに過酷な場所です。銀行員時代の知識によって、所長らの不正の片棒を担がされたりするようになりますが、そのせいで釈放の機会を奪われさえもします。それでも、アンディは希望を失いませんでした。そのことを、親友となったベテラン囚人のレッドに宛てた手紙の中で知らせるのが、この言葉。監督の誕生日に。

暴力は役に立たない。
尊厳を保って
初めて勝てるんだ。

『グリーンブック』

監督：ピーター・ファレリー（2018年）

NYで用心棒稼業をしていたイタリア系のトニーが、アフリカ系アメリカ人ピアニスト、ドン・シャーリーと共に南部に向かって旅立ちます。人種隔離政策の生きていた1962年に起こった本当の出来事です。超然として西欧的知の塊のようなドンと、教養はないけれど気の良いトニーが、少しずつ心を通わせていきます。このセリフはドンのもの。深南部の田舎町で、偏見に凝り固まった地元警官を、つい殴ってしまったトニーに対して向けられた言葉です。ドンの誕生日に。

おまえにとっては
初の大仕事だ。
冷静に用心深く動け。
そうすりゃ、
後で後悔することはない。

『フレンチ・コネクション』
監督：ウィリアム・フリードキン（1971年）

麻薬取引の世界で長年の経験を積んできた大物ワインス
トックが、手先として使っている若者サルにかけた言葉が、
このセリフです。この時すでにサルは、ニューヨーク市警
の刑事ポパイたちの監視下にあります。ナイトクラブで、マ
フィアの親分たちと派手に遊んでいたせいです。一段上の視
点から全体を見わたし、部下が失敗する可能性を想定した
手を打っておくというところだけを見れば、理想の上司のあ
り方かもしれません。主演ジーン・ハックマンの誕生日に。

わかち合える
人がいて初めて、
しあわせは
現実のものになる。

『イントゥ・ザ・ワイルド』
監督・脚本：ショーン・ペン（2007年）

恵まれた環境に生まれ育ったにもかかわらず、自分の居場所を見つけられないクリスは、大学卒業と共に旅立ちます。それから2年後、雪に覆われたアラスカの荒野で遺体となって発見されることになるのですが、この実在した青年が最後に残したとされる言葉がこれです。その死を愚かと笑うのは簡単なことですが、孤独の最果てで記されたと思うと、深く胸に刺さる言葉です。春まであと少しなのにとてつもなく寒い、という時期に噛みしめたくなります。

2

月

誰にでも
夢は必要だ。

『ハッスル＆フロウ』

監督・脚本：クレイグ・ブリュワー（2005年）

しがない零細ポン引き＆ドラッグ・ディーラーとして生活に
追われるDジェイは、ある時ふと自分が音楽を目指していた
ことを思い出します。そこで仲間を集め、生業でのやり口も
使いながら高価な機材を手に入れ、少しずつ曲を作ってい
きます。成功したアーティストにデモを聴かせようとしてもう
まくいかず、すぐに結果は出ません。それでも彼らの曲は確
実にファンを増やし、いつの間にか今度はDジェイがデモを
託される立場になるのです。冬の寒さが底をつく時期に。

どんな日蔭に咲こうと、
おめえさんの
花の美しさは……
あっしが見ている……
知っています……。

『女渡世人　おたの申します』
監督：山下耕作(1971年)

女渡世人のまさ子は旅を続けています。立ち寄った大阪で
のある成り行きから、死んだ博打打ち良吉の借金を取り立
てるため、彼の故郷である港町宇野へと赴きます。良吉の両
親の温かさに心を動かされますが、そこは渡世人稼業、善
意のために仁義は曲げられません。葛藤を抱えながらもそ
れをグッとのみ込みながら闘い、守った者たちにまで"ヤク
ザ者"と蔑まれるまさ子。そんな彼女を静かに見守る元ヤク
ザ清次郎の言葉が、これです。寒さに負けそうな時期に。

心を引き裂かれるのは
いいことよ。
この世界のことを学ぶ
絶好の機会だから。

『20センチュリー・ウーマン』

監督・脚本：マイク・ミルズ（2016年）

1979年、15歳の少年ジェイミーは、強く自立したシングル・マザー、ドロシーに育てられています。想いを寄せる年上のジュリーはよく彼の部屋に泊まっていくのですが、気持ちは受け入れてくれません。一方、女手一つの子育てに限界を感じているドロシーは過干渉気味になっていて、このセリフは、ジュリーとの苦しい関係を勝手に深読みして息子に投げかけたもの。言葉に偽りはありませんが、ジェイミーは反発します。心破れることがあるかもしれない受験シーズンに。

斬新ってなんだ？
斬新さを
求めるなんて
古すぎるぞ。

『天井桟敷の人々』

監督：マルセル・カルネ(1945年)

犯罪大通りと呼ばれるパリの一角にある、パントマイムの喜劇を見せるフュナンビュル座を軸の一つとして、いろんな種類の人間たちのドラマを描きます。このセリフは、劇団のスター俳優、アンセルムの嘆きです。昔は、お尻を蹴り上げれば客は大爆笑。ただし蹴り上げ方には芸があり、それが伝統というものだった。ところが今や、誰もが斬新なものばかりを求めるようになったというわけです。脚本を書いた詩人ジャック・プレヴェールの誕生日に。

私みたいにはなるなよ。
部屋の中でじっとしてても
救いはやってこないんだ。（中略）
どんなにみじめな人生でも、
非の打ちどころのない、
完璧に管理された
社会のなかに閉じ込められて
生きていくのよりはマシだぞ。

『甘い生活』

監督：フェデリコ・フェリーニ(1960年)

ローマ上流階級の頽廃した生活の中を漂う、ゴシップ紙の
記者マルチェロ。彼自身も、婚約者も愛人もいるのに一夜
限りの関係を楽しんだりするような自堕落な生活を送って
います。これは、友人スタイナーのセリフ。彼は、文学者とし
て成功しようという野心でいっぱいだった頃の若きマルチェ
ロのことを知っているからこそ、こんな言葉をかけるのです。
そして、豪邸に住む自分の人生は、虚しく恐怖に充ちたもの
だとスタイナーは感じています。

映画作りというのは、
西部開拓時代の
駅馬車に乗るようなものなんだ。
すてきな旅になると、
最初は期待して乗るんだけど、
出発したらまもなく、
目的地まで
たどり着けるのかなと心配になる。

『映画に愛をこめて アメリカの夜』
監督・脚本：フランソワ・トリュフォー（1973年）

監督のトリュフォー自身が監督役を務め、映画作りの現場を映画にしたという作品で、映画好きの心をくすぐるディテイルがたっぷり詰まっています。夢中になって始めたのに、すぐにいろんな問題に阻まれて、「なんでこんなこと始めちゃったんだろう？」と途方に暮れることは、仕事全般も含めてよくあることです。そういう時にこのセリフを聞いて、「誰にとってもそういうものなんだ」と思えれば、だいぶ気持ちが軽くなります。トリュフォーの誕生日に。

賢さで言えば
きみと同じくらいの人々が
この世界を作ってきた。
だからきみにだって変えられるし、
影響を与えられる。
みんなが使いたくなるようなものを、
きみ自身が
生み出すことだってできるんだ。

『スティーブ・ジョブズ』

監督：ジョシュア・マイケル・スターン（2013年）

映画そのものについては、史実への忠実度に関して様々な批判を浴びましたが、このセリフは、実際にジョブズが残した動画インタヴューで語られている言葉の一部です。この世界を変えることはできないので、その中で家族と共につましく生き、楽しみ、ささやかなお金を貯めるほかない。我々はみなそう言い聞かされてきている。という内容の前段の後に来るのが、この部分。素朴に「信じたい」と思わせる力が、たしかにあります。

知性は、
自分の殻に
閉じこもるためにあるんじゃない。
自分を押し開いて、
いろんなものを受け入れるためにこそ
使うべきなんだ。

『グリニッチ・ビレッジの青春』
監督・脚本：ポール・マザースキー（1976年）

主人公ラリーは、俳優を夢見てニューヨークへ。アルバイト、恋愛、演技の勉強、そして新しく出来た風変わりな仲間たちとの友情に、青春の濃い時間を費やします。この言葉は、ラリーの通う演技教室の先生のセリフです。「なんでもジョークにしてしまうのは、アメリカ人の病」とまで言います。知的なごまかしで、現実から目をそらし殻に閉じこもっている。これは演技だけでなく、人生において重要なことだ、と。寒さに、身も心も閉じてしまいそうになるこの時期に。

朝露に濡れた明けの明星が
輝かしい太陽の到来を告げて
晴れ渡った空を乱すものは
霞も影も一つもない
やさしい風が吹き渡り
見上げる顔を愛撫する
魂の奥へささやくように
人生は美しい
そう
人生は美しい

『永遠と一日』

監督・脚本：テオ・アンゲロプロス（1998年）

不治の病を得た詩人アレクサンドロスは、入院を明日に控え、少年の頃の夏の日の記憶に誘われるようにして時間と空間を彷徨う旅に出ます。路上で車の窓拭きをしていたアルバニア人の少年と出会い、国境までの旅に同行することに。そうするうちにも亡き妻の声が蘇り、19世紀に生きたギリシャの詩人ソロモスが姿を現します。これは、ソロモスが自ら唱える詩です。まだもうしばらく冬は続くことに気づくこの時期には、こういう言葉が欲しくなります。

仕事のやり方は3つある。
正しいやり方、
間違ったやり方、
それから俺のやり方だ。

『カジノ』
監督：マーティン・スコセッシ（1995年）

ノミ屋からカジノのボスにのし上がる男エースを主人公にしたこの映画は、かつてラスヴェガスで権勢を誇った実在の人物をモデルにしています。すみずみまでスコセッシ印、恒常的ハイ状態がドラッグのような酩酊効果をもたらす作品です。このセリフは、指示通りに采配しないカジノの現場責任者に向けられた言葉。ここではパワハラそのものですが、仕事人の宣言としては小気味良く響きます。どういうわけか震えるほど寒い日に見たくなる作品です。

自分が何者なのかを、
きちんと理解する。
有意義な人生を
歩むためには、
それがどうしても
必要なことです。

『わたしを離さないで』
監督：マーク・ロマネク（2010年）

臓器を提供するためだけに生まれてきた主人公たち。外界から隔離された寄宿舎で、自分たちと世界についての漠とした説明を受けながら育ってきました。そんな彼らを哀れみ、1人の先生が、彼らに真実を告げます。その最後の言葉がこれ。ただ、事実を知った後でも、これまでに見聞きした噂や出来事の断片をつなぎ合わせて、もしかしたら一定の条件を満たせば"提供猶予"があるのではないかという淡い希望を育てるという、彼らの気持ちの動きは止まりません。

目の前に何があるのか。
"今ここ"を
見きわめるのが、
何よりも難しい。
だが、それ以上に
大切なことはない。

『リンカーン』

監督：スティーヴン・スピルバーグ（2012年）

歴史の教科書では、南北戦争の勝利すなわち奴隷の解放、というイメージですが、そう単純な話ではなかったようです。奴隷解放宣言を憲法修正第13条というかたちで定着させるには、善悪では割り切れない選択の積み重ねと、生臭い政治的駆け引きが必要でした。この映画で描かれるのは、先の見えない暗闇のようなその時期にいるリンカーンです。だから、スクリーンに登場した瞬間から、すでに幽霊のように見えるほど疲れ果てています。リンカーンの誕生日に。

「俺が悪かった。許してくれ」
「許さないわ。決して」
「帰ろう」
「いいわ」

『浮き雲』

監督・脚本：アキ・カウリスマキ（1996年）

皿洗いから給仕長にまでのぼりつめた妻のイロナは、かつての名門店ドゥブロニクで働いています。夫のラウリもまた、市電の運転手という仕事に誇りを持っています。ところが、思いもかけず夫婦共に失業してしまいます。そこから2人の困難が続くのですが、その過程で、ある事情から家出していたラウリがイロナに許しを請うというやりとりです。そっけなく飛躍する言葉に、いたわりと愛情が滲み出ます。暗く長い冬に小さな灯りを点すようなこの映画を、この季節に。

二十秒間だけ、バカみたいに
猛烈な勇気を出すだけで
いいってこともあるんだよ。
ほんとうに文字どおり
二十秒だけ、
恥ずかしくなるくらいの
勇気を振り絞るんだ。
そうしたら、
必ずすばらしいことが起こるよ。

『幸せへのキセキ』

監督：キャメロン・クロウ（2011年）

妻の死から立ち直れないベンジャミンは、子どもたちとの新しい生活のためにふさわしい家と出会います。ところが購入には、併設されている閉園中の動物園も引き取ることが条件に。動物と戯れて喜ぶ幼い娘の姿を見て、購入を決意します。このセリフは、惹かれている相手に素直な気持ちをなかなかさらけ出せない息子ディランに伝えた、ベンジャミンからのアドバイスです。彼自身、20秒間の勇気を振り絞って妻と出会ったのでした。バレンタイン・デーに。

Dr. イーヴルが怒れば、

ミスター・ビグルスワースも怒る。

そしてミスター・ビグルスワースが

怒ると……

人死 <ruby>人<rt>ひと</rt></ruby><ruby>死<rt>じ</rt></ruby>にが出るんだぞ！

『オースティン・パワーズ』

監督：ジェイ・ローチ（1997年）

30年の冷凍睡眠を経て1967年からやって来たスパイの
オースティン・パワーズと、世界征服を狙う悪玉Dr.イーヴ
ルが対決するコメディ映画。ビグルスワースというのはイー
ヴルの愛猫です。このセリフは、オースティン暗殺の失敗に
怒ったイーヴルが、殺し屋たちを怒鳴りつけているもの。物
騒な話ですが、猫にはなんとなくそんな不思議な力が備わっ
ているような気もして、おかしな説得力も感じられます。初
春を感じた猫がそわそわしはじめる時期に。

危機が訪れた時、
賢者は橋を渡すが、
愚か者は壁を巡らせる。
私たちは
助け合わなければならない。
おなじ部族の一員として。

『ブラックパンサー』

監督：ライアン・クーグラー（2018年）

何千年も前のこと、隕石として地球に落ちたヴィブラニウムによって超人ブラックパンサーが生まれました。アフリカにあるワカンダは、そのブラックパンサーによって作られた国で、高度な科学技術を持ちながら、鎖国政策によってその事実を世界から隠してきました。これは新国王となったティ・チャラ（すなわちブラックパンサー）が数々の試練を経た後、自国の技術を解放し、人々に助けの手をさしのべる決心に至ったことを、国連で告げるセリフの一部です。

失敗は無駄じゃない。失敗が人を育てるんだ。

『Black & White ／ブラック＆ホワイト』

監督：マックG（2012年）

親友同士のCIAエージェント2人が、1人の女性を巡って争うというコメディ映画です。お互いに、スパイとしてのスキルや技術や器機のみならず、作戦チームまでを作って戦うというバカ話が展開されていきます。あらすじの記憶はほとんどなくても、なんとなく頭に残っている言葉が、これ。主人公の1人のセリフですが、監督自身も映画を作りながら自分に言い聞かせたかもしれません。

「少しは貯金したらどうだ。将来のことを考えろよ」

「将来なんかクソ喰らえさ」

「それはちがうぞ！

将来にクソを喰らわすことはできん。将来がおまえにクソを喰らわすんだ。

将来に備えないやつは、いつの間にかクソまみれになる」

「あのさ。おれにとって将来ってのは、今晩のことなんだよ。備えはバッチリだぜ。めちゃくちゃカッコいいシャツを、ちゃんと見つけてあるんだ」

『サタデー・ナイト・フィーバー』
監督：ジョン・バダム(1977年)

19歳のトニーは、家族と一緒にブルックリンのベイ・リッジに住んでいます。小さなペンキ屋で働いていて、将来にはなんの可能性もありませんが、毎週土曜の夜になると地元のディスコ「2001オデッセイ」にくり出すのが生きがいです。ダンス・フロアで華麗なダンスをキメるトニーは、その時だけみんなのリスペクトを勝ちとることができるのです。このセリフは、ペンキ屋のオヤジ、フスコとトニーのやりとりです。主演ジョン・トラヴォルタの誕生日に。

詩は、作者のものじゃない。詩を必要としている人のものです。

『イル・ポスティーノ』

監督：マイケル・ラドフォード（1994年）

ノーベル賞詩人パブロ・ネルーダは、故国チリを離れイタリアに亡命していた時期があり、この映画は、その事実に着想を得ています。舞台はナポリ湾の小さな島。青年マリオは、漁師になりたくない一心で郵便配達の仕事につきます。配達先はネルーダだけ。2人は友情を育み、マリオの中に詩と政治への意識が芽生えます。これはマリオの言葉で、師が教えられているのです。映画の完成を見ず亡くなったマリオ役のマッシモ・トロイージ（脚本にも参加）の誕生日に。

「信念を貫けない人間なんて、
なんの価値もない」

「西部開拓時代なら、
ひとりで信念を貫けたかもしれん。
だがな、この時代には、
協力し合うほかないんだ」

『地上より永遠に』

監督：フレッド・ジンネマン（1953年）

元ボクサーのプルーイット上等兵が、ハワイの基地に転属します。中隊長は自分のボクシング・チームに誘いますが、彼は意固地に断ります。それをなだめるウォーデン曹長とのやりとりがこれ。中隊長を満足させればみんなラクになるんだから、という世知が、まっすぐなプルーイットには響かないのです。でもこの映画で、危機が訪れた時に真価を発揮するのは柔軟な曹長の方でした。清濁併せのむ強靭さについて考えさせられます。世界社会正義の日に（国際デー）。

「外国語にどっぷり浸かると、
脳の回路そのものが変わる」

「ええ。サピア＝ウォーフの仮説ね。
話す言語によって、
考え方が規定されるという」

「そう。ものの見方そのものに
影響を与えるというやつだ」

『メッセージ』

監督：ドゥニ・ヴィルヌーヴ（2016年）

地球上各地に正体不明の宇宙船が現れますが、船内にいる
地球外生命体とのコミュニケーション方法がわかりません。
そこで言語学者であるヒロインのルイーズら、研究者チーム
が招集されます。やがて彼らの文字＝言語を通して、少しず
つメッセージの理解が進んでいきます。これはルイーズと物
理学者のイアンの会話。使っている言葉が、認識の仕方その
ものに影響を与えると考えれば、世界がぐっと広がるよう
で気がラクになります。国際母語デーに。

この小石が

なんの役に立つかなんてわからないけど、

ぜったいなにかの役には

立ってるはずなんだ。

そうじゃなきゃ、

ぜんぶが無意味になっちゃう。

夜空の星だってそうだよ。

すくなくとも、

ぼくはそう思うんだ。

だから、きみだって

なにかの役に立ってるんだよ。

『道』

監督：フェデリコ・フェリーニ（1954年）

旅芸人のザンパノに安く買い取られ、奴隷のようにこき使わ
れるジェルソミーナ。ザンパノを喜ばせようと、楽器の演奏
を身につけ、出し物では道化役を務めますが、粗暴な扱い
は止みません。ある日のこと、とうとう我慢の限界に来た彼
女は逃げ出します。その先で出会ったのが、綱渡り芸人の青
年です。彼がジェルソミーナに言って聞かせたのが、この言
葉。ヒロインを演じ、監督夫人でもあったジュリエッタ・マ
シーナの誕生日に。

だって、
明日になれば、
また別の一日が
始まるんだもの！

『風と共に去りぬ』

監督：ヴィクター・フレミング（1939 年）

すべてを失ったヒロインのスカーレット・オハラが、故郷に戻ってやり直そうと決意するラスト・シーンで口にされます。南北戦争の頃の激動する南部を生き抜く女性、スカーレットの強さが集約されています。有名な「明日は明日の風が吹く」という訳は、慣用句としてすばらしく耳馴染みが良いのですが、それ故に「やり直す」というニュアンスが薄らいでいる印象も。それであえて、説明調にしてみました。フレミング監督の誕生日に。

ディランとか
ピカソとか
ニュートンみたいに
偉大なアーティストは、
失敗する危険を冒した。
偉大な人間になりたければ、
危険を冒すしかないんだ。

『スティーブ・ジョブズ』
監督：ジョシュア・マイケル・スターン（2013年）

これもまた、映画の中で使われたジョブズ自身の言葉です。周知の通りジョブズは、常識外れな発想だけでなく、仲間や部下の人間性を否定することも、つまりはどんな人間関係でも破壊することを怖れなかったわけですが、私たちにはなかなかそういう危険を冒す勇気は出てきません。偉人と同列にされても気圧されます。でも、ちょっとした人生の選択をしなければいけなくなった時に、鼓舞してくれる言葉であるのはたしかです。ジョブズの誕生日に。

この世に、粘り強さを越えるものはない。

才能もかなわない。才能があるのに成功しない人間など腐るほどいる。

天才でもダメだ。

埋もれた天才なんて言葉は、陳腐な紋切り型にすぎない。

教育もちがう。

世界中にいる高学歴なバカどもを見ればいい。

粘り強くブレないこと。

この二つは、なによりも強い。

『ファウンダー ハンバーガー帝国のヒミツ』

監督：ジョン・リー・ハンコック（2017年）

うだつの上がらないセールスマンだったレイ・クロックが、マクドナルド兄弟のハンバーガー店に出会い、それを巨大フランチャイズに育てる姿を描きます。映画で描かれる彼の強引かつ詐欺まがいなやり方は、共感できない部分ばかり（そこが映画としては面白いのですが）。ただ、中年になっても芽が出ないまま諦めずに"粘り"続けたレイの情熱は本物で、このセリフも言葉としてはずいぶんと力づけてくれます。寒さが底をついたかなと春を待ち望むこの時期に。

「父君は、
もはやこの世にはおられません」
「いるとも。
きみにやったシリング硬貨の上にな」
「投げ捨てればよろしい。
ポケットに入れて
持ち歩くことはありません。
兄君も同様です。
五歳の頃に怖かったものを、
怖がり続ける必要はないのです」

『英国王のスピーチ』
監督：トム・フーパー（2010年）

アルバート王子は、吃音症のために演説も満足にできません。そこで妃の薦めによって、言語聴覚士のライオネル・ローグのもとを訪れます。ローグは、初めから礼儀作法を無視して、アルバートを対等な人間として扱います。やがて彼は即位してジョージ6世となり、ラジオ放送で演説をすることに。緊張するアルバートとローグのやりとりが、これ。心に重くのしかかるものでも、本人が望みさえすれば捨て去れるものなのだと諭すのです。ローグの誕生日に。

リンカーンにだって敵がいたわ。

信念を貫こうとする人たちは、みんな同じ。

ただ、圧倒的に不利な状況でも、

彼らは諦めなかった。

みんな、そういう意味でバカな人たちよ。

でも、世の中のすばらしいことはぜんぶ、

そういうバカな人たちの信念の賜物なの。

『スミス都へ行く』

監督：フランク・キャプラ（1939年）

ボーイスカウト団長のジェファーソン・スミスは、ひょんな
ことから上院議員に選ばれます。スミスなら、気の良いおバ
カさんだから扱いやすい。地元の悪徳政治家たちはそう考
えたのです。でもそんなこととは知らないスミスは、自分の
信じる正義を無邪気に通そうとします。そのため陰謀に追
い詰められ、絶望的な立場に。これはその彼に、政界を知
り尽くしている秘書のサンダースがかけた言葉。戦う方法は
あると説得するのです。春の訪れを待ち望むこの時期に。

「パパが言ってたこと、
おぼえてる?」
「いや。なんて言ってた?」
「問題には
必ず答えがあるって」

『ラヴ・ストリームス』
監督：ジョン・カサヴェテス(1984年)

作家ロバートは1人の女性を愛せず、自宅に多種多様な女性を出入りさせています。その姉のサラは離婚協議中ですが、娘と夫への強すぎる愛情を抱えたまま彼の家に転がり込んできます。これは姉弟の会話。サラの精神は病の域に入っていて、回復の兆しが見えない状態です。だからこそこういう根拠のない紋切り型にすがりつきたくなるのでしょうが、当たり前の日常生活を送っていても、この手の言葉が必要なことはあります。冬の終わりを待つこの時期に。

地獄がいっぱいになったら、死者は地上を歩き始める。

『ゾンビ』

監督・脚本：ジョージ・A・ロメロ（1978年）

死者の蘇りであるゾンビが地上に溢れた理由について、主人公ピーターが漏らす有名な言葉。監督は、ゾンビ＝革命分子と考えていました。つまりこの言葉には、虐げられた人々を放っておけば、やがては社会の秩序をひっくり返す革命が起こる、という含意があるのです。そう考えると、なぜ怪物であるはずのゾンビが不思議な魅力を放つのかが理解できますし、応援したい気持ちにもなります。ピーター役のケン・フォリーは、閏年の今日、生まれました。

おまえさんの問題はね、
考えすぎることだよ。
考えすぎると、
怖くなってくるからね。

『コクーン』

監督：ロン・ハワード（1985年）

引退して老人と呼ばれる年齢になっても、隣の空き別荘に
忍び込んではそこのプールで遊ぶのが楽しみという、精神
の若さを持つアートと仲間たち。そんな彼らが、同胞を回収
しにきた宇宙人と出会い、交流するというお話です。このセ
リフは、老人たちとばかり一緒にいたがる孫にかけた言葉。
アートたちは、映画のラストで地球を離れるという大きな決
断をします。それは、守られている環境の中から飛び出てい
く孫と同じくらいの勇気を必要とする選択だったはずです。

あなたに ふさわしい 人生を 生きなさい。

『サウンド・オブ・ミュージック』

監督：ロバート・ワイズ（1965 年）

舞台は、第二次世界大戦前夜、オーストリアが併合される前のザルツブルク。修道女見習いのマリアが、トラップ大佐一家の元に家庭教師として派遣されます。7 人いる子どもたちからは手荒い歓迎を受けますが、やがて全員と打ち解けるように。厳格すぎる父親だった大佐の心も融けた頃、マリアは自分の中に生まれた特別な感情に気づき、それを怖れて修道院に逃げ帰ります。このセリフは、そんなマリアの背中を押すために、修道院長がかけた言葉。

「これがおれの夢なんだよ！」

「これはあなたの夢じゃない！」

「おれたちみたいな人種は、

一生売れなくて当たり前なんだ。

それが今ようやく、みんなに

好かれることをしてるんだぞ。

それのどこが悪いんだよ」

「人に好かれることがそんなに大切？」

『ラ・ラ・ランド』

監督・脚本：デイミアン・チャゼル（2016年）

女優を目指すミア、本物のジャズを目指すピアニストのセブ。偶然に出会った2人は惹かれ合い、夢に向けてパートナーの背中を押し合う仲になります。やがてセブは、金を稼ぐためだけに、あるバンドに参加し大成功を収めます。結果、2人はすれ違いの日々を送りますが、ミアは"愛よりも仕事を優先"させたことではなく、セブが自分自身をだまし裏切っていることに憤るのです。その、キツい愛に満ちた言葉がこれ。冬に始まり冬に終わる物語の言葉を、冬の終わりに。

〝愛せよ、
汝の欲することをなせ〟
ある聖人が
そう言ったわ。

『聖杯たちの騎士』
監督・脚本：テレンス・マリック(2016年)

脚本家リックと家族、そしてリックが過ごした女性たちとの
時間を神の視点としかいいようのない位置から見つめ、ひと
つに溶け合いながらどこかへ向かって進んでいく時空をた
ゆたうという、全体が映像の名言そのもののような映画です。
これはリックの通り過ぎた女性の1人が漏らす言葉。よく知
られる聖アウグスティヌスの言葉が引用されています。自分
が真に欲するものを見きわめるのは、いちばん難しいこと
かもしれません。タイトルは、タロットカードの名前から。

他人を喜ばせるために
生きてちゃダメ。
自分の人生は
自分で決めるの。

『アリス・イン・ワンダーランド』

監督：ティム・バートン（2010年）

『不思議の国のアリス』から時間が経ち、19歳になったアリ
ス。むりやり結婚させられそうになり、逃げ出した彼女は、
ひさしぶりに"不思議の国"に迷い込みます。するとそこは、
赤の女王に支配され、見る影もなく荒れた世界になってい
ました。白の女王と共に赤の女王に戦いを挑むことになり
ますが、最後の決戦を前にして迷いを抱えているアリスにか
けた白の女王の言葉が、これです。仲間はいても、結局のと
ころ戦うのは自分なのです。

きみはお腹が空いて
駄々をこねてる子どもと
同じだね。
ラヴィオリを出されたら、
ステーキが食べたいなんて
言わないで
素直にラヴィオリを
食べなさい。

『旅情』

監督：デイヴィッド・リーン（1955年）

38歳で独身のジェインは、夢だったヨーロッパ旅行を実現してヴェネツィアにやってきます。そこで出会うのが、中年男のレナートです。惹かれ合う2人ですが、彼女は理屈をつけて自分の気持ちを抑えます。それに対するレナートの応えがこれ。あり得ない理想を求めず素直な自分の気持ちを受け入れなさいというのです。未来に妄想を託したくなるのは人情ですが、実は、目の前にあるものこそ最高のものということもままあるもの。年度末の近付くこの時期に。

感じの悪い人がいたら、
怖がっているのだなと考えて下さい。
欲しいものが
手に入らないかもしれないと考えたら、
怖くなるものです。
とてつもなく感じが悪く
魅力のかけらもない人でも、
愛情が足りていないだけ。
こちらがおしみなく愛情を与えれば、
きっと花咲くように心を開いてくれます。

『グランド・ブダペスト・ホテル』

監督・脚本：ウェス・アンダーソン（2014年）

入れ子構造になって4つの時間軸によって、グランド・ブダペスト・ホテルの物語を語る映画です。このセリフは1932年、最盛期のホテルを切り盛りするコンシエルジュであるグスタヴが、食事中のスタッフに向けて話す言葉です。感じが悪い人間に感じ悪く対応するとますます感じ悪くされる、というのは日常生活でよくあることで、どんな関係性においても、有効なアドバイスではないでしょうか。そう簡単なことではありませんが。

「とにかく、終戦後、
女がエティケットを悪用して、
益々図々しくなって来つつあることだけは
確かだね」

「そんなことない。
これでやっと普通になって来たの。
今まで男が図々しすぎたのよ」

『麦秋』
監督：小津安二郎(1951年)

間宮家では、長男一家4人と長女の紀子、それに2人の両親が一緒に暮らしています。28歳の紀子は独り者で、"売れ残り"とからかわれています。これは、長男の康一と紀子のやりとり。そんなだから"お嫁にいけない"んだと言われ、"いけない"んじゃなくて"いかない"のだと続きます。実際、紀子はある日、誰にも相談することなく自分で結婚相手を決め、お仕着せの縁談を断るのです。この時代に、強い女性でいることの大変さが想像されます。国際女性デーに。

誇りとはな……
だれからも与えられず、
だれにも奪えないもの。
自分だけが
自分に与えられる
贈り物なんだよ。

『ロブ・ロイ／ロマンに生きた男』

監督：マイケル・ケイトン＝ジョーンズ（1995年）

18世初頭にかけて実在した、スコットランドの英雄が主人公。
厳しい自然の中でかろうじて牧畜業を営む自分と仲間たちの
ために行動したが故に悪徳貴族の悪巧みにはまったロブは、
誇りをかけた戦いに身を投じていきます。これは子どもたち
に"誇りってなに？"と問われた時の答えです。仕事において
は他人の評価に大きく状況を左右されがちですが、そういう
ものに揺るがないものが自分の中にあると信じられれば、少
しは頭を切り替えられそうです。新年度に備えて。

おう労働者諸君！
今日も一日
ご苦労さまでした。
さあ明日はきっと、
からっと晴れた
いい日曜日だぞ。

『男はつらいよ　柴又慕情』
監督・脚本：山田洋次（1972年）

寅さんシリーズ9作目。あらすじを紹介するまでもないで
しょう。寅さんに「労働者諸君」なんて言われると、カチンと
くるようでもありますが、良いことを言っています。特に深
い意味はないのですが、なんだかすっきりさせてくれるでは
ないですか。もちろん、明日が日曜日なら最高ですが、月曜
日だったとしても、からっと晴れていれば乗り切れるような
気がします。寅次郎の誕生日には2説あるようです。だから、
主演の渥美清の誕生日に。

ほとんどの人間は、
実際に災害が起こるまで
聞く耳を持たない。
愚かさや
弱さのせいではない。
人間とは、
単にそういうものなのだ。

『ワールド・ウォーＺ』

監督：マーク・フォースター（2013年）

謎の感染症によって出現したゾンビに蹂躙され、人類は危機に瀕しています。感染症の源にまで遡ればワクチン開発も可能にちがいないとの仮説をもとに、国連では調査に着手。それを手伝うことになるのが、元国連職員のジェリーです。彼の旅は韓国を経てイスラエルへ。このセリフは、早い段階でゾンビ発生を事実と認め、エルサレム市街を巨大な城壁で囲んだモサド高官の言葉です。不吉な予言や分析を信じないのは、たしかに人情のようです。東日本大震災の日に。

こんなもんでも、
つくってると楽しいわよ。
私、これつくり出してから
日本中の赤ン坊と
仲良しになったような
気がするのよ。
ね、課長さんもなにか
つくって見たら……。

『生きる』

監督：黒澤明（1952年）

渡辺は、胃癌で余命いくばくもないことを知り途方に暮れます。30年を過ごした役所では、書類を右から左へと回すだけの日々でした。渡辺は、初めて無断欠勤し街を彷徨います。そして偶然、部下のとよと会います。彼女は何も生み出さない役所の仕事にうんざりして、転職しようとしていました。そのとよの言葉がこれ。新しい職場はおもちゃ工場なのです。これをきっかけに、渡辺は人生最後の仕事を見いだし、やり遂げます。渡辺を演じた志村喬の誕生日に。

人類は
地球で生まれた。
だからといって
ここで死ぬこと
はない。

『インターステラー』

監督：クリストファー・ノーラン（2014年）

21世紀半ばの地球では、農作物が枯れ、砂嵐が荒れ狂い、人類は絶滅の縁にいます。主人公のクーパーは元宇宙飛行士で、NASAのプロジェクトに参加することを決めます。ワームホールの先にある別の銀河に、人類が生存可能な土地を探そうというのです。宇宙に向けて発つ時のクーパーのセリフが、これ。今いる環境にしがみつかず、外に飛び出るという選択肢を検討すべき時もあるのだということを思い出させます。組織によっては年度末の近付くこの時期に。

人はなぜ
落ちるのでしょう？
より良い這い上がり方を
学ぶためです。

『バットマン　ビギンズ』

監督：クリストファー・ノーラン(2005年)

バットマンことブルース・ウェインには、幼年期の怖ろしい
記憶があります。遊んでいるうちに古い井戸に落ちて、コ
ウモリの群れに襲われたことです。助け出されたブルース
に、その夜、執事のアルフレッドが問いかけた言葉がこれで
す。まだ両親が生きていた頃のことでした。それから長い年
月が過ぎ、悪と戦うブルースに深い挫折の時が訪れます。そ
の時にも、アルフレッドは同じ言葉をかけます。アルフレッ
ドを演じたマイケル・ケインの誕生日に。

まったく何でもない風景が、
突然ものすごい
意味を持つんだ！
見なれた平凡なものが
ひとつのこらず……
きらきら輝いて、
真珠みたいに美しくなる。
音楽の力でね。

『はじまりのうた』
監督・脚本：ジョン・カーニー（2014年）

音楽プロデューサーのダンは、かつてはヒットメイカーでしたが、今では仕事も私生活もうまくいかなくなり、自分で立ち上げたレーベルからも解雇されます。ところがやけ酒をあおりに行った店でグレタの演奏に出会い、深く心を動かされます。グレタの方もちょうど音楽作りのパートナーでもあったデイヴと別れたばかりで、針路に迷っていたところでした。このセリフは、ダンのもの。グレタのおかげで、見失いかけていた音楽への愛を取り戻したのです。春の盛りに。

観光客は、
その土地に着いた瞬間から
帰国のことを考える。
一方、旅行者は
二度と故郷に
戻らないかもしれない。

『シェルタリング・スカイ』
監督：ベルナルド・ベルトルッチ（1990年）

主人公夫妻が、旅の道づれである友人タナーに与える説明。
「僕は観光客だね」と応えるタナーに、「私は半々」とキット
は言います。共感できる感覚です。原作者のボウルズもま
た、モロッコのタンジェに住み着きました。1947年のことで
す。それから2年後、この映画の原作を刊行。この作品のた
めに前払い金を払っていた出版社は、原稿の価値を理解で
きず突き返しましたが、別のところから出るとたちまちベス
トセラーになったそうです。ベルトルッチ監督の誕生日に。

「大きな夢ね」

「ああ。
夢見るのに
金はかからないからね。
虹を追いかけるのは
よくないことかな？」

『悲しみは空の彼方に』
監督：ダグラス・サーク(1959年)

女優を夢見るローラは、黒人女性のアニーと出会います。アニーにはローラの娘スージーと同じ年頃の娘サラ・ジェーンがいますが、サラ・ジェーンは白人として通るくらい白い肌の持ち主。そしてローラの婚約者となる写真家志望の青年スティーヴは、自分ではこう言いながら、恋人の夢を理解することはできないという男性です。誰もが虹を追いかけ、その結果を受けとめることになります。一人ひとりの力を超えた、時代の限界も彼らの前に立ち塞がるのです。

見なれたものに
別れを告げて、
新しいものを迎え入れる。
人生にはそんな時が
やってくるのさ。

『華麗なる週末』

監督：マーク・ライデル（1969 年）

1905 年のミシシッピ州が舞台です。11 歳の少年ルーシャス
の祖父ボスが、その町で最初の自動車を購入し、使用人の
ブーンは毎日丁寧に磨き上げます。そしてある週末、祖父は
屋敷を留守にします。決して車に乗ってはいけないと釘をさ
して。ところがブーンは、ルーシャスを誘ってメンフィスへの
旅に出発。このセリフは、少年を説得するブーンの言葉です。
そして実際、ルーシャスはこの旅を通して様々な人間と出会
い大きく成長してゆきます。新年度に備える時期に。

ガンマンについて
学んだことがある。
どんなに早撃ちでも、
もっと早撃ちの奴が必ずいる。
そして拳銃を使えば使うほど、
そういう奴との
出会いは早まるってことだ。

『OK牧場の決斗』

監督：ジョン・スタージェス（1957年）

アリゾナのトゥームストーンという町で起こった、保安官た
ちとカウボーイ3兄弟との銃撃戦をクライマックスとする作
品。この有名な事件は、何本もの西部劇のモチーフとなって
いますが、この映画での保安官ワイアット・アープは、バー
ト・ランカスターが演じています。このセリフは、敵方のビ
リー・クラントンに向けられたもの。スキルやテクニック以
外のものに秀でなければ、いずれは居場所を失う、という
風に受け取りました。ワイアット・アープの誕生日に。

疑いは役に立つ。
信じる力を
鍛えてくれるからね。
疑いがなければ、
信じる力の強さにも
気づけない。

『ライフ・オブ・パイ／トラと漂流した227日』
監督：アン・リー（2012年）

ヒンズー教徒の家庭に育ったパイは、12歳にしてキリスト教とイスラム教に目覚め、“神様が好きだから”と3つの宗教を同時に信じることに決めます。一家は動物園を営んでいましたが、動物と共にカナダへ移住することになり船旅に出ますが途中で沈没、パイはたった1人、トラを含む動物たちと漂流することに。これはもちろん、パイの言葉。“信じる”対象は、神様だけとは限りません。日本初の動物園、上野動物園の開園日に（1882年）。

人生は
あっという間に過ぎていく。
時々は立ち止まって
あたりを見回さなきゃ、
いつの間にか終わってる、
なんてことになるかもよ。

『フェリスはある朝突然に』
監督：ジョン・ヒューズ(1986年)

高校生のフェリスはある朝、学校を休むことにします。そし
て恋人と親友を誘い出して、シカゴの街へ。父親と偶然遭
遇したり、妹と校長に仮病を疑われたりしながら、ギリギリ
のところで切り抜けて1日を楽しみます。このセリフは、観
客である我々に向かって、カメラ目線で語りかけるフェリス
の言葉です。朝目覚めて、学校や職場へ行くにはもったいな
いくらいの天気のいい日だったりすると、いつもこの言葉を
思い出します。主演マシュー・ブロデリックの誕生日に。

ただ息を
吸ったり吐いたり
してるだけじゃ、
生きてるとは言えない。
ハッと息をのむ瞬間の
積み重ねこそが、
ほんとうの人生なのさ。

『最後の恋のはじめ方』
監督：アンディ・テナント（2005年）

プロの"デート・ドクター"のヒッチは、男性顧客が意中の
女性へ最初の一歩を踏み出すための指南をしています。とこ
ろが、いままで顧客には有効だった手練手管が、自分が
恋に落ちた相手、サラには効きません。悪戦苦闘の末、結局
のところ自分が教えてきたのは、自分に自信を持つというこ
とでしかなかった、と気づくわけです。この言葉は、映画の
冒頭でヒッチが自分の職業を紹介するナレーションの中に
出てきます。満開の桜に息をのむ季節に。

ただ待ってるだけより、自分で奇跡を起こす方が好き。

『マリア・ブラウンの結婚』

監督：ライナー・ヴェルナー・ファスビンダー（1979年）

たった16年間に44本もの映画を作り37歳で夭折したファスビンダーの作品です。戦後の西ドイツで、信念と夫ヘルマン・ブラウンへの愛を曲げることなく、ひたむきに生きるマリアの姿を描きます。手段は選びません。たとえば夫が不在の間、裕福な企業家オスヴァルトの愛人になりますが、同時にアシスタントにもなるのは、立場が下にならないため。このやりとりは、オスヴァルトと交わすビジネスの話の中に出てきますが、彼女の生き方を凝縮した言葉でもあります。

おれたちはみんな
変わり者だよ。
それを隠すのが
得意な奴もいるってだけさ。

『ブレックファスト・クラブ』
監督・脚本：ジョン・ヒューズ（1985年）

1984年3月24日土曜日、5人の高校生たちが登校します。罰として図書館に閉じ込められ、自分についての作文を書かされることになったのです。"体育会系"アンドリュー、"ガリ勉"ブライアン、"不良"ジョン、"お嬢様"クレア、"変わり者"アリソンというばらばらな5人の間には、時間を共に過ごし言葉を交わすうちに特別な結びつきが生まれていきます。今や牧歌的に見えるこの映画ですが、アンドリューのこの言葉の普遍性は変わらないのではないでしょうか。

君たちは、
名誉をもって生き延びた。
この荒れ果てた土地で、
敗北を勝利に変えたのだ。
おめでとう。
よくやった。

『戦場にかける橋』

監督：デイヴィッド・リーン（1957年）

第二次世界大戦中、捕虜収容所のイギリス兵たちが、クワイ川に橋を架けるために動員されます。収容所の責任者である斉藤大佐と、捕虜を率いるイギリス軍将校のニコルソン大佐。敵同士背反する2人の"勝利"が、"負けて勝つ"というかたちでつかの間重なります。どんな仕事でも、このニコルソン大佐の言葉のように感じられる瞬間がありさえすれば続けられるというもの。もっとも、ここでの"勝利"はたちまち破壊されるわけですが。リーン監督の誕生日に。

勇気をもって行動に移さなければ、夢にはなんの意味もない。

『バットマン』

監督：レスリー・H・マーティンソン（1966年）

『バットマン／オリジナル・ムービー』とも呼ばれる、DCコミックスのキャラクターを使った初の長編映画です。このセリフは、今耳にすると、カウンター・カルチャーや公民権運動などの盛り上がった、60年代後半の匂いが感じられるようでもあり、意外と新鮮な響きがあります。夢が、単なる夢物語ではなかった時代の風景が浮かび上がるようです。

答えを知らない方が、
発見が増えることに
気づいたんだよ。
出会ったものに、
びっくりしてもいいんだって
思えるようになるとね。

『ヤング・アダルト・ニューヨーク』

監督・脚本：ノア・バームバック（2015年）

時代の最先端を行く若者だったはずが、いつの間にか40代に入っているドキュメンタリー作家のジョシュと妻のコーネリア。ジョシュは、20代のカップルであるジェミイーとダービーに出会います。これは、少し先輩ぶって2人に語るジョシュの人生訓です。ジョシュの作品をリスペクトしていると言われて、気をよくしてしまったのです。でもたしかに、知ったかぶりをやめると世界が広がる、と感じることはあります。

追い詰められて
もうダメだと思ったら
その時こそめちゃくちゃに
暴れてやるんだ。
狂犬のように
情け容赦なくな。
気が動転して諦めたら、
負けて死ぬぞ。
それが自然の摂理だ。

『アウトロー』

監督：クリント・イーストウッド(1976年)

北軍派民兵に妻子を殺害され、南軍派のゲリラに参加した
ジョージー。やがて戦争は終わりますが、投降した仲間たち
は約束に反して虐殺されます。ジョージーは反撃の後逃亡
し、追われる身に。ところが少しずつ旅の仲間が増えていき
ます。彼らは放棄されていた牧場に到着し新たな生活を始
めますが、ついに追っ手の猛攻を受けます。この言葉は激し
い包囲戦のさなか、ジョージーが仲間にかけたもの。年度
末のあれこれに追い詰められるかもしれないこの時期に。

天国は美しいと人は言う。
だが私には
ブドウ酒の方が美しい。
響きのいい約束より
目の前のブドウ酒だ。
太鼓の音も、遠くで聞けば
妙なるしらべ。

『風が吹くまま』

監督・脚本：アッバス・キアロスタミ（1999 年）

景色の美しい片田舎を、TVクルーが訪れます。葬儀での"奇習"を撮影するのが目的で、村には危篤状態の老婆がいますが、容態は悪化せず待ち時間が続きます。やがてスタッフは去りディレクターひとりに。彼の中にも変化があったようで、老婆のために町まで薬を取りに行く医師に同行します。道中、"死は老衰よりむごい"と語る医師が暗誦するのがこの詩。ペルシャの詩人オマル・ハイヤームによるものだそう。もう春が来たんだなと感じ始めるこの時期に。

おそれることはない。
遠いものは大きく、
近いものは小さく
見えるだけのことだ。

『耳をすませば』

監督：近藤喜文(1995 年)

読書が大好きなヒロインの雫は、学校の勉強を放り出して物語の執筆に没頭します。その物語は、古道具屋の店主である西沢が大切にしている、猫の人形バロンを主人公としたものでした。このセリフは、物語世界の中で、バロンのセリフとして登場します。未知のものに挑む時の、怯む気持ちを見事に静めてくれます。間もなく新年度を迎えるこの時期に。

道を知っていることと、
その道を
実際に歩くこととは
まったく違う。

『マトリックス』

監督・脚本：ウォシャウスキー兄弟(現・姉妹) (1999年)

平凡な日常の安穏を捨て、この世界の真実を直視するだけ
でなく、やがて機械との戦いでリーダーとなる主人公ネオ。
これは、その彼を導くモーフィアスの言葉。単純に「経験は
知識に勝る」と語っているわけではないはずです。最初の
一歩を踏み出す前に知識があると、実際に歩くことの恐ろし
さにむしろ押しつぶされそうになる瞬間があります。だから
こそ、その前に一歩目を踏み出してみようと、静かに背中を
押してくれます。一時代を画したこの映画です。

小さなボウルの中に
入れとくと、
魚は小さいままだ。
でも、広いところに
放してやると、
二倍にも三倍にも
四倍にもなるぞ。

『ビッグ・フィッシュ』
監督：ティム・バートン（2003年）

ウィルは、父のエドワードをおおぼら吹きの目立ちたがりと
考えていて、ここのところ疎遠になっています。そして今、病
床にあってもなおほら吹きは止まないようで、父の真実の姿
を知りたいと願う息子はいらだつばかり。このセリフは、父
エドワードの言葉。魚を想像力と置き換えても、人間と置き
換えても意味は通ります。実際彼は、事実をさらに魅力的に
伝えるために誇張していただけだったということが、映画の
ラストで判明します。エイプリル・フールに。

ちょい待ち。

"負け犬"って何だ？

本当の"負け犬"ってのはな、

負けるのが怖くて、

挑戦すらしない連中のことを

指すんだよ。おまえさんは

挑戦しようとしてるんだろう？

じゃあ、"負け犬"なんかじゃない。

さあ、明日は楽しもうや。

『リトル・ミス・サンシャイン』

監督：ジョナサン・デイトン＋ヴァレリー・ファリス(2006年)

兄は"沈黙の誓い"で口をきかない。一緒に暮らす叔父はゲイのフランス文学研究者。祖父はヘロインを使って老人ホームを追い出されたところ。いわゆる"負け犬"だらけの一家の中で、父親は異常な"負け犬"嫌い。そんな家族の中で暮らす7才のオリーヴが、美少女コンテストに出場することに。結果を心配した彼女が、祖父に相談した時の答えがこれ。この後、他人にどう思われようが関係ないという爽やかなラストがやってきます。新年度を楽しむために。

どうして、
みんなに合わせようと
必死なんだい？
きみは生まれつき
すばらしい人なのに。

『ロイヤル・セブンティーン』

監督：デニー・ゴードン（2003年）

ニューヨークのダウンタウンで暮らすダフネは、母と2人暮らし。実の父親は、爵位を持つ英国の政治家。でも会ったことはありません。そこで単身ロンドンに乗り込み、父ヘンリーの屋敷に住むことになります。最初はそんなつもりもありませんでしたが、次第に周囲の視線に合わせて"令嬢"らしくふるまうように。それは、ダフネの本来の性格からかけ離れたものでした。彼女の本当の姿を知る青年イアンが口にするのがこのセリフ。この言葉も新年度の始まりに。

おまえには
ふさわしくないなんて、
ぜったい
誰にも言わせるな。

『恋のからさわぎ』
監督：ジル・ジュンガー（1999年）

転校生のキャメロンは、人気者ビアンカに一目惚れします。
でも、彼女とデートするためには、先にその姉のカトリーナ
のデート相手を見つけなければならないことに。そこで変
わり者のパトリックを雇い、カトリーナとデートさせようとし
ますが……という具合にドタバタが始まるロマンティック・
コメディです。このセリフは、もうビアンカを諦めると言い
出したキャメロンに向けられた、パトリックの言葉。パト
リック役ヒース・レジャーの誕生日に。

くよくよ考えるなんてのは、
揺り椅子みたいなもんだ。
なにかしてるような
気分にはなるけど、
なんの役にも立ってない。

『ヴァン・ワイルダー』

監督：ウォルト・ベッカー（2002年）

主人公ヴァン・ワイルダーは、大学7年生。学校中の人気
者で、卒業する気はまったくありません。改造したゴルフ・
カートでキャンパスを動き回り、絵画のクラスでヌード・モ
デルをしたり、パーティーを主催してお金を集めたりと楽し
くやっています。ところがそれを知った父親が、学費の支払
いを止めてしまいます。アシスタントとして雇ったインド
からの交換留学生タージに、まだ学費が足りないからどうに
かしなくては、と指摘されて返したのがこの言葉。

自分の強みを
活かすんだ。
誰にだって、
それが
せいいっぱいさ。

『ラブ・アゲイン』
監督：グレン・フィカーラ＋ジョン・レクア（2011年）

キャルは、25年間連れ添った妻のエミリーに、同僚と関係
を持ったから離婚してもらいたいと切り出されます。しかた
なく1人暮らしを始め、毎晩バーで愚痴をこぼすことに。そ
んなキャルを哀れんだ青年ジェイコブが、ナンパのコツを伝
授しようと言います。彼は、毎晩別の女性を連れ帰る遊び人
だったのです。そのジェイコブのセリフがこれ。本質的には、
特別な技術なんかないということです。良い言葉ですが、そ
の後2人の立場は逆転します。環境の変わる新年度に。

この〝諦める〟って
やつだけどな、
一度始めたら習慣(くせ)になって、
なかなかやめられなくなるぞ。

『がんばれ！ベアーズ』

監督：マイケル・リッチー（1976年）

モリス・バターメイカーは、元マイナー・リーグのピッチャー、現アル中です。そんな彼が、ひょんなことから弱小少年野球チーム「ベアーズ」のコーチを務めることに。デブのキャッチャー、口の悪いショート、内気ないじめられっ子、英語の話せないメキシコ移民2人といった、あり得ないメンバーばかりですが、ピッチャーだけは優秀な女の子が新たに加わります。決してりっぱとは言えない大人、バターメイカーの口から出ると、むしろ説得力の増すセリフです。

運のいい日ってのはある。
でも、
運だけでキャリアを
積み上げるのはむりだよ。

『2番目のキス』
監督：ファレリー兄弟（2005年）

ベンは度を越した野球ファンで、精神年齢も高いとは言えない少年のような男。そんな彼の出会った女性リンジーは、第一線のビジネス・ウーマンで仕事中毒です。2人のつきあいはうまくいくかに見えますが、野球のシーズン到来とともに状況は一変します。レッドソックスをすべてに優先するベンに、リンジーは耐えられなくなるのです。この言葉は、ベンが野球選手について語るセリフですが、仕事や人生全般について当てはまる含蓄を持っています。

どうせ負ける博打なら、
せめてカードは
自分で配りたい。

『大いなる野望』
監督：エドワード・ドミトリク（1964年）

父の跡を継いだ若き社長ジョナスは、幼なじみの俳優ネ
ヴァダの願いを聞き入れ、映画製作に乗り出します。サイレ
ント映画のスターだったネヴァダは、トーキー映画の登場
とともに没落していたのです。誰もトーキーのノウハウを持
たないこの時期、大金を投じるのは必敗に近い賭けでした。
そこでジョナスは、製作の全権を握ることを条件に参加を
決めます。その時のセリフが、これ。投資とは関係なくても、
こう言い放ちたい人生の局面はあります。

人生は贈り物だと思うんです。
だから無駄にしたくない。
次に何が起こるのかなんて
わからないんだから、
人生をありのまま
受け止められるようにならなきゃ。
毎日を大切に生きるためにね。

『タイタニック』

監督・脚本：ジェームズ・キャメロン（1997年）

1912年に沈没したタイタニック号。この豪華客船を舞台に
展開されるのが、この映画。没落した生家を救うため、望ま
ぬ結婚を控えている英国上流階級の娘ローズと、貧しい画
家志望の青年ジャックが、船上で運命の出会いをするわけ
です。ジャックは、たまたま出港直前にポーカーで勝ち、乗
船チケットを手に入れたのでした。このセリフは、1等船室
の夕食のテーブルに同席しながら、自分の生き方を説明す
るジャックの言葉。タイタニック出港の日に。

挑戦するならとことんやるんだ。

そうでなければやめておけ。

ガールフレンドや妻、

家族や仕事を失うかもしれない。

自分自身を見失うこともあるだろう。

三、四日飲まず食わずになるかもしれない。

公園のベンチで凍えたり、

刑務所暮らしになることも。

頭がおかしいと思われ、バカにされ、

ひとりぼっちになる。

だが、重要なのは孤独だけだ。

あとのことはすべて、

お前の我慢強さをはかるテストでしかない。

お前に、どれだけほんとうのやる気が
あるのかをはかるテストだ。

世界に拒絶されながら、必敗の闘いに挑め。

その先には、何事にも
替え難いものが待っている。

だから、やるならとことんやれ。

神はお前に直接語りかけてくるし、
夜は炎のように燃え上がるだろう。

人生を乗りこなし、
完璧な笑いを手に入れられる。

挑む価値のある、唯一の闘いだ。

『酔いどれ詩人になるまえに』
監督：ベント・ハーメル（2006年）

飲んだくれの放浪作家チャールズ・ブコウスキーが50代半ばで書き上げた自伝的小説、『勝手に生きろ！』を原作にした映画。1940年代、20代の頃のブコウスキーの姿が描かれています。ラスト・シーンで流れるこのモノローグは、「賽を投げろ」という詩の朗読です。人間もある程度歳を重ねてくると、すべてを捨てて何かに打ちこむばかりが良いとは限らないことを理解するわけですが、だからこそ心を躍らせてくれる言葉ではないでしょうか。春と新年度のために。

ちょっと待ってくれ。おれやめないぞ。

何がくだらないことだよ。

ここでやめたらおれたち何だ。

ただのバカじゃないか。

ここまで作ったものを、

全部捨てちまうつもりかよ。

今日の今日までやって来たことだぞ。

くだらないなんて悲しいこと言うなよ、

立派だよ。

みんな歴史の教科書に載るくらい立派だよ。

おれまだやるぞ。

死んでも、上がってみせる！

『王立宇宙軍　オネアミスの翼』

監督・脚本：山賀博之（1987年）

"宇宙軍"とは名ばかりの落ちこぼれ集団に属する主人公シロツグ。毎日を平穏に過ごせればいいと開き直っています。ところがある日、深い考えもなく宇宙飛行士に志願。やがて打ち上げの時がやって来ますが、中止しなければ命に関わる戦争状況が発生。その中でのシロツグの言葉がこれ。仕事の現場で、こんな意地を張る人は疎まれます。でも、腹の底でこう考えながら働くことは重要だという気もします。ユーリ・ガガーリンが人類初の有人飛行をした日に（1961年）。

今や社会のシステムが変わってしまい……

ひとりぼっちで夢見る変わり者は、ちょっと

でも目立つとすぐに叩き潰されてしまいます。

最初はバカげて見えたけど、後になって考え

てみれば世界を変えていたというような、革

新的でものすごいアイディアを思いつくのは

そういう連中なのに。

でも、官僚たちはそういう人間を許しません。

自分たちの乗っかってる船をぐらぐら揺さぶ

られるくらいなら、新しいアイディアを殺し

てしまう方がマシだと考えているからです。

『タッカー』

監督：フランシス・フォード・コッポラ（1988年）

実在した実業家、プレストン・トマス・タッカーが主人公です。彼は、夢の自動車を作ろうと奮闘するのですが、大手3社の妨害によって窮地に。その裁判での抗弁が、このセリフ。一見、起業が盛んな昨今の状況には当てはまらないようにも感じられますが、"夢る変わり者"にとって、いつでも居場所は見つけづらいものではないでしょうか。新年度をのびのび過ごすために。

人間関係で
つまずかない
人って、
バカなんだと
思う。

『ゴーストワールド』

監督：テリー・ツワイゴフ（2001年）

仲良しのイーニドとレベッカは、高校を卒業してからもぼんやり毎日を過ごしています。2人とも、自分たちには居心地の悪い世間を斜めから冷ややかに眺めていますが、レベッカが働き始めると、イーニドの孤独感は深まっていくことに。このセリフは、レコード・コレクターの冴えない中年男シーモアに向けたイーニドの言葉。最初はシーモアをバカにしていた彼女ですが、自分と同じくらい孤独な彼に親近感を抱き始めたのです。原作者ダニエル・クロウズの誕生日に。

わからないのかい？
きみは夢を捨てたら
死んでしまうんだぞ。

『フラッシュダンス』
監督：エイドリアン・ライン（1983年）

18歳のアレックスは、昼は鉄工所で溶接工として、夜はバー
でダンスをしながら生活しています。ほんとうは、ダンスだ
けで生きていきたいのです。ある夜、鉄工所の社長ニック
に見初められます。最初は彼をしりぞけるアレックスですが、
やがては受け入れます。このセリフはニックのもの。あれや
これや理由をつけてダンスの道から遠ざかろうとしているア
レックスに対して、きみは怖じ気づいて言いわけを探してる
だけだ、と焚きつけるのです。

みんな、助け合って生きていきたいんです。

それが人間というものです。

お互いのしあわせに

寄り添って生きていきたい。

ひとの不幸を喜びたくもないし、

憎み合ったりバカにし合ったりなんて

ごめんなんです。

この世界には、

みんなが暮らせるだけの場所があります。

大地は豊かで、私たち全員に

恵みをもたらしてくれるのですから。

『独裁者』

監督・脚本：チャールズ・チャップリン（1940年）

1人2役のチャップリンは、独裁者ヒンケルとその政権によって迫害されているユダヤ人の床屋チャーリーを演じます。たまたま双子のように似ていた2人は、映画のラストで、誤解から入れかわってしまいます。そしてチャーリーは、ヒンケルが占領しようとしている国の首都で、部下たちの期待とは真逆の内容を持つこの演説をするというわけです。この映画が公開された当時、アメリカにとってヨーロッパでの戦争はまだ対岸の火事でした。チャップリンの誕生日に。

知ってるか。昔の人のやり方だ。

大きな秘密を抱えてる者は

どうしたと思う？

山で大木を見つけ、

幹に掘った穴に秘密をささやくんだ。

穴は土で埋めて、

秘密が漏れないよう永遠に封じ込める。

『花様年華』

監督・脚本：ウォン・カーワイ（2000年）

1962年の香港が舞台です。アパートで隣人同士のチャウと
チャン夫人。共に既婚者ですが、ひょんなことからそれぞ
れの妻と夫が関係を持っていることを知り、2人の距離が
縮まっていきます。これは、チャウが友人に語った言葉。秘
密の内容がどうというより、秘密として永久に封じ込めたか
らこそ人生を決定的に分岐させる力を持つに至った時間が
あったということ。生きているとそういうことがあるのかも、
と考えさせられます。タイトルにふさわしく春の盛りに。

ケンカの
いいところは
仲直りできる
ところね。

『ジャイアンツ』

監督：ジョージ・スティーヴンス（1956年）

広大な牧場から油田へと変貌を遂げるテキサスの30年ほどを、牧場の御曹司ジョーダン、そこへ東部から嫁いできたレズリー、そして牧童から石油成金になるジェットの3人を軸に描く年代記です。これは、夫婦ゲンカをした後でレズリーが言うセリフ。ここに表れている通り強さとやさしさを併せ持つ女性で、メキシコ人労働者の生活環境を改善させることも。変わり者のジェットも強く惹かれていきます。季節を問わない言葉ですが、なんとなく春のこの時期に。

「出発点と目的地、それから
仕事の後向かう先を教えろ。
目的地についたら五分待つ。
その間にあんたが何をしても
俺は関知しない
一分でも遅れたら置いていく。
あんたの手伝いはしない。
銃は持たない。
俺がするのは運転だ」

「お前は、一緒に働くのが面倒そうだな」

『ドライヴ』

監督：ニコラス・ウィンディング・レフン(2011年)

自動車修理工、カースタントマン、そして犯罪者に雇われる
プロの逃がし屋でもある1人の運転手が主人公です。この
セリフは、逃がし屋として仕事をする時のルール。要するに
仕事以外のことはしないけれど、仕事に関しては何の心配
も要らないということです。これほどプロフェッショナルな
態度もありませんが、それに対して"面倒"と感じる時点で、
プロとして信用できない仕事相手ということになります。新
年度もプロと仕事ができることを祈って、この時期に。

「自分の身は自分で守れ。完全にやられちまうぞ」

「ぼくはチビなんだ。気づいてないかもしれないけど」

「ヒトラーもチビだったさ」

「最低なたとえだね」

「だな。でも言いたいことはわかるだろ」

『ヴィンセントが教えてくれたこと』

監督：セオドア・メルフィ（2014 年）

ヴィンセントは酒と博打が大好きなダメ老人。隣に引っ越してきた少年オリヴァーは母と 2 人暮らしで、ひょんなことから母の勤務中はヴィンセントの許に預けられることに。お駄賃欲しさに、ヴィンセントが引きうけたのです。転校早々からいじめっ子の標的になっているオリヴァーを見かねたヴィンセントとのやりとりが、これ。演じるのがビル・マーレイでなければ成立しない悪趣味な冗談ですが、新年度早々いろんなことに圧倒されそうになったら思い出したいセリフです。

人生の分かれ目となる
瞬間がやってきても、
その場では気づかないものなんだ。
あの時私は、
"また次があるさ"と考えた。
だが、あれが唯一の機会だった。

『フィールド・オブ・ドリームス』
監督・脚本：フィル・アルデン・ロビンソン（1989年）

トウモロコシ農家のレイは、ある"声"に導かれて畑の一部を野球場に変えます。すると、かつて八百長事件に巻き込まれて球界を追放された選手たちが姿を現します。みな亡くなった人たちです。そこには、不仲になったまま亡くなった父ジョンが、昔大好きだった選手の姿も。レイは、1人の選手グラハムの消息を尋ねます。彼はその後医者として生き、亡くなっていました。このセリフは、一度だけ大リーグでプレイしたものの打席には立てなかったグラハムの言葉です。

つかんだものを
はっきり自分の物に
するまでは、
ずいぶん努力しなきゃ
ならないのよ。

『しとやかな獣』

監督：川島雄三（1962年）

前田家は手段を選ばず暮らしています。息子の実は勤務先で金を使い込み、娘の友子は小説家から"援助"を受けるという具合。ところが実の会社の会計係、幸枝は誰よりも上手でした。実のみならず社長や税務署職員まで巻き込んでいたのです。これは幸枝の言い放った言葉。仕事は金を手に入れて終わりではない。きれいな後始末も重要なのだし、簡単ではないということ。胸のすくような、強い女性像を生み出した脚本は、新藤兼人によるもの。その誕生日に。

気づいたの。あの出来事は
私の記憶の中で、
悪いのは自分、っていう話に
なってただけなんだって。
私は劣った存在なんだって、
自分に言い聞かせてたわけ。
面白いと思わない？
過去なんて、
自分に話して聞かせる
物語でしかないのよ。

『her ／世界でひとつの彼女』

監督・脚本：スパイク・ジョーンズ（2013年）

この世界では、高度な人工知能を搭載したOSが登場しています。妻と別れたばかりで沈みきっているセオドアは、AIサマンサを手に入れ、生身の恋人とのような関係を築いていきます。サマンサは常に思考を重ね、成長しています。その表れの1つがこの言葉。セオドアの言葉に傷ついた自分を検証し、たどり着いた結論です。身の回りの環境が変わったら、過去の物語の読解法を変えてみるのも良いかもしれません。新しい環境に接する機会の増えるこの時期に。

「じゃ、お前が先に飛べよ」

「イヤだって言ってんだろ」

「どうしたってんだよ？」

「泳げないんだって」

「アホか。どうせ

水面に衝突した時点で死ぬって」

『明日に向って撃て！』
監督：ジョージ・ロイ・ヒル(1969年)

ブッチとサンダンスは、時代の変わり目に生きる西部の無法者です。列車強盗で大金を手に入れて楽しい時間を過ごしたりもしますが、次の仕事では失敗し、厳しい追っ手をかけられることに。このセリフは、文字どおり崖っぷちに追い詰められた時のやりとり。泳げないのはサンダンスの方ですが、結局飛び降りて逃げおおせます。無意味な会話だからこそ、恐怖をかき消してくれるということがあるよう。季節が春なら、なおのこと思い切りよくできそうです。

もしアメリが、
夢のなかに生きる
内気な少女のままでいたい
と言うのなら、
それでもいいだろう。
人には人生を失敗する
権利があるのだ。
それを冒してはならない。

『アメリ』

監督：ジャン＝ピエール・ジュネ（2001年）

"幸せになる"、"最強になる"、"成功する"。ちまたに溢れる
そんな言葉には、ほとほと疲れます。そんな時にこのセリフ
に接するとほっと肩の力が抜けるようです。そもそも失敗
か成功かを決めるのは自分自身である、ということなので
すから。孤独な女性アメリは、夢と空想の中に生きていま
す。それはそれで幸せな毎日なのです。もちろん一歩足を踏
み出せば別の世界もありますが、どんな生き方をしていても、
その外側には別の世界があることに変わりありません。

他人を守ってこそ
自分も守れる。
おのれの事ばかり
考える奴は、
おのれをも亡ぼす奴だ。

『七人の侍』

監督：黒澤明（1954年）

戦国時代末期のお話です。野武士の一団が自分たちの村を
襲うと知った村人たちが、侍を雇い入れます。報酬は、腹一
杯の白米です。それを引きうけた浪人勘兵衛は、自分を含め
て7人の侍で村を守る準備を進めます。ところが、村はずれ
の何軒かが守りの外側に位置することに。それを知り、そこ
に住む村人が戦線を離脱しようとしますが、そんな彼らに
対して、勘兵衛の言い放つのがこの言葉。

ネズミが二匹、

クリームの入ったバケツに落ちました。

一匹は、すぐに諦めて溺れ死にました。

二匹目は、諦めずあがき続けました。

激しく動いていると、

やがてクリームがバターになり、

這い出すことができました。

みなさん、今この瞬間の私は、

二匹目のネズミです。

『キャッチ・ミー・イフ・ユー・キャン』

監督：スティーヴン・スピルバーグ（2002年）

実在の天才詐欺師フランク・W・アバグネイル・Jrの自伝を元にした映画です。フランクは16歳から詐欺に手を染め、パイロットになりすまして飛行機を飛ばしまくったほか、医師や法律家にもなりました。フランクの父親フランク・Srが、地元のロータリークラブで終生会員に選出された時のスピーチで語られるのが、このお話。図らずも、あがき続けて次から次へと危地を脱することになる息子の人生を、要約すると同時に導く言葉になりました。フランクの誕生日に。

過去にあんなことがあったとか、これからこんなことが起こりそうだとか、そんなことどうでもいいんだよ。肝心なのは、行き先のわからないジェットコースターのような人生を楽しめるかどうかだ。楽しめないんだったら、いままでの経験がぜんぶ無意味になってしまうじゃないか。

しかもだ……思いがけない時に、なにかすばらしいことが起こる可能性だってあるんだぞ。考えてみたこともないようなすばらしいことがね。

『ポリー my love』

監督・脚本：ジョン・ハンバーグ（2004年）

保険会社のリスク査定員として働くルーベンは、実生活でもリスクを極端に怖れる安全一辺倒の生き方をしています。ところが新婚旅行で、妻であるリサの浮気に遭遇。その後中学の同級生だったポリーと出会い付き合い始めます。何にでも挑戦する彼女のおかげで、自分も変わっていけると感じ始めた矢先、リサが復縁を求めて戻ってきます。このセリフは、慎重すぎるルーベンの背中を押す父アーヴィングの言葉です。未知の環境を楽しめるよう、春のこの時期に。

自分で自分のことを
笑えなきゃ、
人生はものすごく長くなる。
笑わなくちゃ。
わたしだって、
ぜったい泣かないなんて
ことない。
でも泣いてない時は
笑ってる。

『終わりで始まりの４日間』
監督・脚本：ザック・ブラフ（2004年）

俳優のアンドリューは、母が亡くなり故郷に帰ります。旧友
たちと再会し気分が乗らないまま遊んだ翌日、頭痛の診察
を受けに行った精神科クリニックの待合室で知り合ったの
がサムです。病的な虚言癖を持つという彼女に、心を惹かれ
ていくことに。このセリフは、いかに仕事がこないかという
ことを深刻そうに打ち明けるアンドリューに対して、吹き出
しながら応えたサムの言葉。たしかにウソでも笑うのが有
効なことはあります。1年の3分の1が終わるこの時期に。

りっぱな考古学者になりたければ、図書館から出ていけ！

『インディ・ジョーンズ／クリスタル・スカルの王国』
監督：スティーヴン・スピルバーグ（2008年）

シリーズ4作目には、第1作『レイダース』のヒロイン、マリオンの息子マットが、相棒役として登場します。このセリフは、アカデミックな質問を投げかけてきた学生に対して、インディが返した言葉。彼らしい響きですが、前作『最後の聖戦』では、「考古学の仕事の70％は図書館でなされる」とリサーチの重要さを説いています。インディに限ってそんなことはないことを、我々は知っているわけですが。マットはその血を引いて完全に行動派です。図書館記念日に。

5
月

秘訣は何かな……
好きなことを見つけて
一生やり続けるって
ことかな。
僕にとってはそれが、
この高校に
通うことなんだ。

『天才マックスの世界』
監督：ウェス・アンダーソン（1998年）

15歳のマックスは、自信たっぷりの風変わりな高校生。頭が良いくせに、大量の課外活動に真剣に取り組むせいで成績は悪く、落第を続けています。ある日マックスは、人生にうんざりした大金持ちの企業家ハーマンに出会います。そして、経営には成功していても家庭はまったくうまくいっていない彼と友情を結ぶように。「きみは人生をきっちり把握してるようだけど、秘訣は何なんだい？」というハーマンへの答えが、このセリフです。アンダーソン監督の誕生日に。

今 に 運 が 向 く さ 。

人 生 、 山 あ り 谷 あ り だ 。

『ノックは無用』

監督：ロイ・ウォード・ベイカー（1952年）

マリリン・モンローが、精神の不安定なネルを演じるサスペンス映画です。ネルは、ホテルの宿泊客のベビーシッターをしますが、つい、その部屋にあった貴金属やきれいな服を身につけてしまいます。そしてそれを子どもに見とがめられて逆上。徐々におかしくなっていきます。このセリフは、ネルへの慰めの言葉です。この言葉を信じられなかったのが、彼女の悲しいところ、ということでしょうか。原作を書いたミステリー作家、シャーロット・アームストロングの誕生日に。

やってみなよ。
望むところだ。

『ダーティハリー4』

監督：クリント・イーストウッド（1983年）

人質を取った強盗に向かってハリー・キャラハン刑事が言い放つ、あまりにも有名なセリフです。当時大統領だった、ロナルド・レーガンまでが口にしたことでも知られています。アメリカの反知性主義的な保守派の香りが気になってしまい、今の時代では素直に受け取れない気持ちもあります。それでもやはり、後先考えずに一度は言ってみたいという原初の衝動みたいなものに駆られる時もありませんか？ ゴールデンウィーク明けが憂鬱になりそうな時期に。

「勝てないなら、
走らない！」
「走らなきゃ
勝てないわ」

『炎のランナー』

監督：ヒュー・ハドソン（1981年）

ヴァンゲリスによるテーマ曲のイメージがあまりにも強い映画ですが、ここでは、1924年のパリ・オリンピックに出場した2人の陸上選手の物語が語られます。1人はスコットランド人牧師のエリック・リデル、もう1人は偏見と闘うユダヤ人のハロルド・エイブラハムス。共に実在の人物です。このセリフは、不安を感じているハロルドに対して、恋人のシビルが投げかけた言葉でした。パリ・オリンピック開会の日に。

この世でのおこないは永遠にこだまするのだ！

『グラディエーター』

監督：リドリー・スコット（2000年）

帝政ローマ時代、主人公は奴隷の剣闘士（グラディエーター）マキシマス。かつては英雄として讃えられた将軍が、帝位継承を巡る争いに巻き込まれてすべてを失い、たどり着いた姿です。卑劣な敵は、皇帝その人。とてもストレートな復讐譚で、物語の進行とともに血の沸く瞬間は幾度もやって来ます。でもこのセリフは、将軍だった時代に配下の兵士を奮い立たせるために放った言葉。その後の人生を賭けて、自らの言葉を証明することになるとは想像してもいなかったでしょう。

もうムリだと思ってから、
もう1ラウンド闘う。
それが人生を変えるんだ。

『ロッキー4／炎の友情』
監督・脚本：シルヴェスター・スタローン（1985 年）

リング上で親友アポロを殺した、ソ連のドラコとの戦いに赴
くロッキーが、息子に語る言葉。説明不要のロッキー節です。
全力を振り絞って限界に達してから、その限界を超えようと
いうのですから、普通の人間にはなかなかできません。でも
気持ちはわかりますし、そういう気持ちへと自分を持ってい
きたい時があります。そのための映画です。五月病の時期に。

こんな機会をみすみす逃すなんてバカだぞ。人生の方から手を伸ばしてくれてるんだ。それを放っておくなんて、バチ当たりもいいとこだ。一生呪われるぞ。

『世界にひとつのプレイブック』
監督・脚本：デイヴィッド・O・ラッセル（2012年）

パットが、精神病院を退院します。妻の浮気相手に暴行を加えたことで入院していたのですが、元妻への執着は消えず、無神経な父親のいる実家での生活も落ち着きません。やがて、社交ダンスが気持ちを鎮めてくれることに気づきます。このセリフは、せっかく出会った大切な人までみすみす失いかけている息子の背中を押すために、父が口にするもの。ろくでもないオヤジですが、ギャンブラーとしてここ一番を見逃さない目はあるのです。夏の予感を探し始める時期に。

「彼女は気にしない。
もう死んでるんだ」
「死んでるんなら、
こんなふうに
私たちの頭から
離れないはずがない」

『午後8時の訪問者』

監督・脚本：ジャン＝ピエール＆リュック・ダルデンヌ（2016年）

町外れの小さな診療所で働く医師ジェニーは、診察時間を1時間過ぎて鳴らされたベルを無視します。ところが、鳴らした少女が、付近の川辺で身元不明の遺体となって発見されたことを知らされ、せめて名前だけでもと独自に捜査を始めます。理屈では、彼女に責任はありません。でも仕事の範疇を超えて人間として、心穏やかではいられなかったのです。これは、そんなことをしても死人には関係ない、と言われて答えた、彼女の言葉です。世界赤十字デーに。

さあ、
楽しいことを考えて。
そうすれば、
空を飛べるよ。

『ピーター・パン』

監督：クライド・ジェロニミ＋ウィルフレッド・ジャクソン＋ハミルトン・ラスク（1953年）

あまりにも有名なディズニーの長編アニメーション作品です。原作は、ジェイムス・マシュー・バリーによる戯曲『大人になりたくない少年ピーター・パン』。1900年頃のロンドンに住むウェンディと弟のジョン、マイケルのところに、ピーター・パンがやって来て、ネヴァー・ランドに連れて行ってくれるというお話です。これは、3人に飛び方を教えるピーター・パンの言葉。楽しいことを考えるだけで、翼が生えてくると言うのですから、誰の心でも踊ります。バリーの誕生日に。

「運命を信じるかい？」
「いいことなら、
　なんでも信じてるわ」

『タワーリング・インフェルノ』
監督：ジョン・ギラーミン（1974 年）

138 階建てのビルで落成式の日に火災が発生、式のために
集まっていたいろんな人たちが命を賭けて逃げ惑うという、
オールスター・キャストのパニック映画です。このやりとり
は、心優しい三流詐欺師のハーリーと、資産家の未亡人リゾ
レットの間で交わされたもの。その後の展開を考えると二
重、三重の皮肉や含蓄があります。ハーリーを演じたフレッ
ド・アステアの誕生日に。

完璧な人
なんて
いないさ！

『お熱いのがお好き』
監督：ビリー・ワイルダー（1959年）

禁酒法時代のシカゴ。たまたまマフィアの報復を目撃した
サックス奏者ジョーとベース奏者ジェリーは、女装をして楽
団に潜り込みフロリダへと逃げ出します。ところがダフネと
いう名の女性になったジェリーは、大富豪オズグッドに結婚
を申し込まれ、幻滅させようとあれこれしますが効果なく、
とうとう男なんだと正体を明かします。それでもオズグッド
の答えはこれ。すばらしい答えではないですか！ という文脈
はさておき、5月に入り疲れかけた人には万能な言葉です。

過去ってのは
三文小説みたいなもんだ。
読み終わったら捨てて、
新しいのを
読み始めればいい。

『ヤングガン』

監督：クリストファー・ケイン（1988年）

西部の義賊として知られるビリー・ザ・キッドの若い頃を、青春群像として描いた映画です。ビリーたちは、ジョン・タンストールという英国紳士に自警団の一員として雇われ．つかの間の平和な時間を過ごしました。これは、仲間のドクが、敵勢力の抱える売春婦イェン・スンに語ったもの。自分は汚れているからドクにふさわしくないというスンに、自分の過去も汚れていると言い、かつてタンストールにこう教えられた、と説明します。主演エミリオ・エステベスの誕生日に。

なにもしないでいると、最高の出来事が起きたりするよ。

『プーと大人になった僕』
監督：マーク・フォースター（2018年）

『クマのプーさん』の主人公クリストファーが、大人になってからのお話です。プーたちのことを忘れてから、長い時間が経っていました。ある日、プーの棲む100エーカーの森で異変が起こります。仲間たちがいなくなってしまったのです。プーはクリストファーに助けてもらおうと、彼の生活するロンドンにやって来ます。一見ただの言葉遊びに見えるプーのセリフには、大人の常識にとらわれた頭を解きほぐす力があるようです。一息ついて5月を乗り切るために。

今いるところから
離れていくんだ。
そうすると、
向かってたところに
たどり着くよ。

『プーと大人になった僕』
監督：マーク・フォースター（2018年）

プーさんの言葉の連投です。かつては名案を思いついて
プーさんたちを助けていたクリストファーですが、大人にな
るまでの生活、そして会社員として、あるいは夫や父親とし
ての毎日が、知恵を摩耗させていたというわけです。これも
また同語反復のように聞こえますが、向かう先についてあれ
これ考えるのを止めて、とりあえず一歩踏み出してみる方が
いいという単純な真実があてはまるような状況は、たしかに
あることを思い出させてくれます。

汗水たらして一生懸命やれば、たいていのことは解決できるものさ。

『ペイルライダー』

監督：クリント・イーストウッド（1985年）

金と暴力にものを言わせて金採掘を進める悪人ラフッドに目を付けられた峡谷。そこでは採掘権を持っている村人たちが、細々と暮らしていました。彼らは、日々ラフッド一味にいやがらせを受けていますが、ある日謎の男が現れ、リーダー格のハルを救います。これは、聖職者の襟を身につけているため牧師と呼ばれることになった、その男のセリフです。諦めかけていた村人たちの意気は徐々に上がっていきます。徒労感に襲われるかもしれない5月のこの時期に。

人生において
唯一失敗と呼べるのは、
挑戦を怠ることだけ。
そして
失望との向き合い方が、
人生の価値を決める。

『マリーゴールド・ホテルで会いましょう』
監督：ジョン・マッデン（2012年）

引退生活を送るイギリス人たちが、インドにやってきます。
それぞれに事情があって、見た目ほど経済的にも精神的に
も余裕たっぷりではありませんが、誰もが優雅なリゾート生
活を夢見ています。ところが、到着してみるとホテルはひど
い状態でがっかりしたり憤慨したり、というところから物語
が始まります。このセリフは、ヒロインのイヴリンが、旅行
体験のブログに綴る言葉の1つ。登場人物たち全員への祝
福でもありました。

「きみはなにしてる人?」

「うーん、説明が難しいな」

「なにか複雑な仕事ってこと?」

「えっと……まだ実際には

始めてないってこと」

『フランシス・ハ』

監督：ノア・バームバック(2013年)

27歳のフランシスは、ダンサーとして身を立てることを目標にしていますが、今はまだダンス・カンパニーの研究生の身。周囲では、年相応に人間関係が変化をし始め、自分自身の才能や生き方も直視しなければならなくなってきます。夢をやみくもに追いかけ続けるのか、それとも新たな選択をするのか。このやりとりは、そんな彼女の気分を端的に表しています。身に覚えのある痛みを蘇らせてくれるだけに、正直にこう答えられる彼女は素晴らしいと感じます。

信じられないだろうけど、
昔はこれでも怪物って
呼ばれてたんだぜ。
だから自分でも
怪物なんだって、ずっと思い込んでた。
でもそのうちに、
バカにするやつらのことを
無視できるようになって
自分に自信が持てるようになったんだ。

『シュレック3』

監督：クリス・ミラー（2007年）

シュレックは、気楽な性格なのに外見がおそろしいせいで
苦労が絶えません。今回は、数々の冒険を乗り越えて結婚
したフィオナ姫の父王が、亡くなってしまいます。シュレッ
クも後継者候補の1人になりますが、自分には合わないと
痛感。フィオナの従兄弟にあたるアーサーを、魔法学校から
連れ戻しに出かけることに。ところがいじめられっ子のアー
サーは、王位に就く覚悟が出来ていません。そんなアーサー
に言って聞かせたのがこの言葉。

人がなぜボクシングに取り憑かれるか

わかるかい。

それは、限界を超えて戦うことの魔力だ。

あばら骨が折れても、腎臓が破裂しても、

網膜が剝がれても戦い続ける。

誰にも理解されない自分だけの夢のために、

すべてを危険にさらして戦う。

そこに魔法のような魅力がある。

『ミリオンダラー・ベイビー』

監督：クリント・イーストウッド（2004年）

貧しい崩壊家庭に育ったマギーが、うらぶれたボクシング・ジムを訪れます。当初は彼女を追い払うトレーナーのフランキーでしたが、自身も元ボクサーの雑用係エディはその素質を見抜きます。その甲斐あってフランキーに受け入れられ、マギーは急速に才能を開花させていきます。これは、エディの語ったセリフ。ボクシングに限らず、夢全般について言えることではないでしょうか。なお、日本では今日がボクシングの日なのだそうです（日本プロボクシング協会）。

人は失敗に学んで、
生き方を変えることができる。
そうすれば、
運の良し悪しだって
変えられるのよ。

『月の輝く夜に』
監督：ノーマン・ジュイソン（1987年）

未亡人のロレッタは、なんとなく幼なじみのジョニーと結婚
することに決めます。ところが、結婚の前に故郷イタリアへ
と戻ったジョニーの留守中、ふとしたことから彼の弟ロニー
と関係を持ってしまいます。このセリフの中でロレッタが
"失敗"と言うのはそのこと。もちろん、流されるように結婚
を決めたことの方が失敗なのであって、自分でもそれをハッ
キリ自覚しないまま言葉にしてしまっているという場面です。
主演のシェールの誕生日に。

成功の確率なんか知ったことか！

『スター・ウォーズ　エピソード5／帝国の逆襲』

監督：アーヴィン・カーシュナー（1980年）

帝国軍に追われて小惑星帯に飛び込もうとした瞬間、心配症のアンドロイドC-3POが言います。無事に通過できる確率は3720分の1だと。それに対して、根っからのギャンブラーであるハン・ソロの言い放った言葉がこれ。成功の確率を考えていては切り抜けられない状況は、日常生活の中でもあります。会社員の人は、一度でいいからこういう啖呵を切りたいと夢見ることがあるのではないでしょうか。でも、啖呵を切らない勇気を讃える気持ちも芽生えてきたり。

逃げ回ってちゃだめ。
人生は短いのよ。

『イングランド・イズ・マイン　モリッシー、はじまりの物語』
監督・脚本：マーク・ギル（2017年）

バンド「ザ・スミス」のヴォーカリスト「モリッシー」になるまでの、スティーヴン・モリッシーをモデルにしたのがこの映画。ここでのスティーヴンは、はやりの音楽を嫌悪し、職場になじめず、やっとバンドを組んだ相方は引き抜かれ、なにひとつうまくいきません。というより、最初の一歩を踏み出せないまま足踏み状態を続けています。そんなスティーヴンの姿に業を煮やした女友だちが、彼の背中をどやしつけるために言うのがこのセリフ。モリッシーの誕生日に。

「死ぬとき何が見たい？」

「長い人生で、
まだ見てないものが山ほどある。
何を一番見たいかって言われても
分からないな」

「考えとけよ。どうせ船乗りは暇なんだろ。
人生はそんなに長くないぞ。
今から考えとけ」

『欲望の翼』

監督・脚本：ウォン・カーワイ(1990年)

1960年の香港。キザな言葉で女の子を引っかけては姿を消すヨディ。その彼との結婚を願うスー。偶然の巡り合わせから彼女を慰めることになるタイド。ヨディを追う女性にはミミもいて、ヨディの親友サブに見守られています。自分の出自の謎を追ってフィリピンに渡ったヨディは、そこで偶然タイドと再会。これはその2人の会話です。死ぬまでに見たい(行きたい)場所は？　と訊かれるとすぐに出てこないものですが、そろそろ夏休みの計画を立てたいこの時期に。

「時代が、変わったようだな」
「かもね。
　でもおれは変わってない」

『ビリー・ザ・キッド／21才の生涯』

監督：サム・ペキンパー（1973 年）

パット・ギャレットもかつては無法者でしたが、年齢を重ね
て、時代の変化を肌で感じながら自分自身も"成長"し、今
では権力者に雇われる保安官となっています。一方、かつて
の親友ビリーは変わっていません。再会したもののそれぞ
れの立場から結局撃ち合いとなり、パットはビリーの後を
追跡することになるのです。このやりとりは、再会時のもの。
劇中、「天国の扉」が印象的に使われたボブ・ディランの誕
生日に。自身も、ビリーを慕う青年役で登場します。

勇気を出さなくちゃ、

仕合せは自分の手で拓くものなのよ。

ご覧なさい、あの街を……

京都は幸い戦災を免れたけれど、

でもそれは京都にとって

仕合せだったかどうか分らないわ。

古い歴史のあとは保たれたでしょうけど、

代わりに封建の匂いも強烈に残したわ。

あの綺麗な屋根瓦の下に根強く残ってるわ。

『偽れる盛装』

監督：吉村公三郎(1951年)

君蝶は男を自在に手玉に取るやり手の祇園芸者、妹の妙子は市役所に勤める対照的な慎ましい娘で、同じ部署に勤める孝次とつきあっています。彼の家は有名な料亭ですが、母の千代はかつて妙子ら姉妹の母くがが芸者だった頃の朋輩。それなのに、自分の過去は棚に上げて、"家の格式"の違いを理由に2人の結婚を認めません。これは、親友の雪子が、妙子を勇気づける言葉です。初めて接する環境の中で、古いやり方を壊す必要があるかもしれないこの時期に。

すべてが変わってしまう
ことを避けるためにこそ、
なにかが変わらなくては
ならないのだ。

『山猫』

監督：ルキーノ・ヴィスコンティ（1963年）

イタリア王国成立前後のお話です。シチリアの貴族サリー
ナ公爵は、新旧２つの時代の狭間の人間と自覚しています。
時代に乗って巧みに私腹を肥やす連中を蔑みながら、理想
に燃え統一運動に参加する甥タンクレーディの姿には、好
ましいものを感じています。その公爵の思考の基礎を表す
のが、この有名なセリフ。保守／革新に分けられない深みの
ある言葉で、何かに行き詰まった時にはいつも思い出します。
25日の言葉と対にしておくのが良いように感じられます。

人生を愛さなければ、あっという間に過ぎてしまう。

『ツリー・オブ・ライフ』

監督・脚本：テレンス・マリック(2011年)

1950年代の少年時代のジャック。"強い男"になれとひたすら厳しい父。対照的なまでに、常に優しい愛情を注ぐ母。才能に溢れながら、若くして自殺した弟。成長し、社会で成功したジャックが、家族の歴史を生き直すように振り返り、そのまま人類はおろか生命の起源にまで遡りながら、ある種の和解を経て現在時に戻ってきます。これは、その時に響く母の言葉です。

今ここでこうしてる
まさにこの瞬間のことを、
なにかの
"まえがき" だなんて
考えたくないの。

『バッド・チューニング』

監督・脚本：リチャード・リンクレイター（1993 年）

1976 年 5 月 28 日、テキサス州の片隅にある高校も学年最後の日を迎え、新入生も上級生も、それぞれの不安と期待を抱えています。映画は、そんな彼らの姿を映し取っていきます。このセリフは、大勢の登場人物たちの中でも賢いグループの 1 人、シンシアが漏らす言葉です。"今＝まえがき" というのは青春期特有の感覚とも言えず、そういえば、"暇ができたら〜" とか "今はガマンして〜" 式の思考法は、何歳になっても手放せていないことに気づかされます。

初まりはいつでも怖いものだし、
終わりはたいてい悲しいもの。
でもいちばん大切なのは、
その二つの間にあるものなの。
なにかを始める時には、
そのことを忘れないで。
希望が生まれる余地を
ちゃんと残しておくのよ。
そうしたらほんとうに
希望は生まれてくるんだから……。

『微笑みをもう一度』

監督：フォレスト・ウィテカー（1998年）

全国放送の番組で夫の浮気を暴露されたバーディーは、娘のバーニスと共に、故郷の田舎町に帰ります。エキセントリックな母親ラモーナ、そして幼い甥トラヴィスとの共同生活が始まるのです。バーディーは元同級生のジャスティンに温かく迎えられますが、都会からの転校生バーニスにはつらいことだらけで何もかも気に入りません。これは、彼らがようやく新しい家族のかたちに辿りついてから、娘バーニスが共感をもって反芻する母バーディーの言葉です。

泳ぐのよ。
泳いで泳いで泳いで
泳ぎ続ける。
何するんだっけ？
泳ぐのよ！

『ファインディング・ニモ』

監督：アンドリュー・スタントン＋リー・アンクリッチ（2003 年）

ダイバーに捕らえられた息子のニモを追う父親のマーリン。成り行きから、冒険の道づれとなるのがドリーです。息子を心配するあまり過保護になっていたマーリンとは対照的に、ドリーの頭の中はすっきりしています。「ぜったいに危険な目には遭わせない」と言うマーリンに、息子に悪いことが起こらないかどうかなんて誰にもわからない、とあっさり応えます。そんなドリーですから、落ち込んでいる時にはひたすら泳げばいいと誘うわけです。

負けた時に、
気分を良くして
くれるものって
なんだかわかる？
勝つことよ。

『モリーズ・ゲーム』

監督・脚本：アーロン・ソーキン（2017年）

モーグルでオリンピック出場を目指すモリーは、ほとんど虐待に等しい厳しさで、勝負に勝つことの価値を父に叩き込まれてきました。ところが試合で重傷を負い、目標を諦めることに。針路を決めあぐねていた彼女は、非合法のポーカー・ゲームの運営に関わり始め、勝利への執念と知力でたちまち頭角を現します。これはその道で再び挫折に見舞われた時の、自分の姿勢を表すモリーの言葉。まもなく今年も半分が終わるこの時期、あえて自分に発破をかけるため。

6

月

過去とは
心が作り上げたものだ。
過去は視界を奪い、
それだけが真実だと思い込ませる。
だがな、
心は今を生きたいと願っているんだ。
（ほんとうの自分が何者かという問いへの）
答えはそこにある。

『トータル・リコール』
監督：レン・ワイズマン（2012年）

人格を形成するのは過去の積み重ねですが、その過去がニセモノだったら？ そもそも過去の記憶というのは、多かれ少なかれ改竄されているものです。それでも、あるいはだからこそ、過去の自分が何をしたのかということではなく、今ここで何をするのかということの方にこそ、真実の自分が現れるのではないか。社会を支配する抑圧的なシステムに抵抗する組織のリーダーが、主人公にそう問いかけます。1990年のオリジナル版に敬意を表して、その米国公開日に。

誰が何と言おうが、言葉とアイディアで世界は変えられるんだ。

『いまを生きる』
監督：ピーター・ウィアー（1989年）

厳格な規則に縛られた全寮制の学校、ウェルトン・アカデミーの生徒たち。そこへ型破りな英語教師キーティングがやって来て、生徒たちの心に火をつけます。何の役にも立たない教科書は破れと言うのです。これから学ぶのは、自分でものを考えるために必要な言葉と思考なのだ、と。このセリフはその時の言葉です。それからキーティングは机の上に飛び乗り、世界を異なった角度から見ようと生徒たちを誘います。

「人間は間違えることもある」
「はい。そのとおりです」

『ウォー・ゲーム』

監督：ジョン・バダム（1983 年）

コンピュータ好きの高校生デイヴィッドは、ある日偶然、北アメリカ航空宇宙防衛司令部のスーパーコンピュータにアクセスしてしまいます。そこから「全面核戦争」のシミュレーション・ゲームが始まり、徐々に状況がエスカレート。核戦争の危機が現実のものに。このやりとりは、デイヴィッドと人工知能ジョシュアのもの。AI の危険性がここに集約されているわけですが、人間の身としてはどことなくホッとさせられるコンピュータの答えでもあります。

人はしばしば、
運命を避けるために
選択した道の上で、
その運命に
出会うものなのだ。

『カンフー・パンダ』

監督：マーク・オズボーン＋ジョン・スティーヴンソン（2008年）

主人公のポーはジャイアントパンダで、その師匠はレッサーパンダのシーフー老師。これは、そのさらに師匠であるゾウガメのウーグウェイ導師の言葉です。カンフー映画パロディーとして企画されたこの作品、作り手たちの愛が強すぎたせいで、ほんもののカンフー映画になっていったとか。そのため良いセリフがたくさん出てきます。響く言葉を言うためのジャンルでもあるのでしょう。今年も半分が終わりかけていることに気づき、ハッとするこの時期に。

「早いもんだ……。

康一が嫁を貰う、孫が生れる、

紀子が嫁に行く。

——今が一番たのしい時かも知れないよ」

「そうでしょうか……

でもこれからだってまだ……」

「いやア、慾(よく)を言やアきりがないよ。

——ああ、今日はいい日曜だった……」

『麦秋』
監督：小津安二郎（1951年）

間宮家では、"売れ残り"とからかわれていた長女の紀子が、とうとう結婚することになります。止まることなく流れていく時間の中で、家族のかたちは常に変化していきます。原家族がばらばらになる前の瞬間が"一番たのしい"と感じることもあれば、その後やってくるであろう様々な変化の中にもっと大きなよろこびを感じることもあるでしょう。ただ、今が"一番たのしい"と感じられなければ、楽しみを見つけられないような気がします。麦秋の季節に。

しっかり、すみずみまで
憶えておけよ。
これから始まる1日は、
我々がこの世を去ってからも
長く語り継がれることに
なるのだからな。

『史上最大の作戦』

監督:ケン・アナキン＋ベルンハルト・ヴィッキ＋アンドリュー・マートン（1962年）

一時期まで、1年に1回はTV放映されていた、ノルマンディー上陸作戦を描く超大作戦争映画です。撮影時には、実際に従軍した元兵士もいて、タイムスリップしたような感覚に陥る規模に驚いたそうです。主演陣にも、ジョン・ウェイン、ヘンリー・フォンダなどなど大スターが勢揃いしました。映画を作った20世紀フォックスにとっても背水の陣の攻勢で、この作品が大ヒットしたおかげで倒産を免れたといいます。この言葉は、駆逐艦艦長のセリフ。D-デイに。

「プロの目で見て、可能かね」
「可能だ。
問題は脱出の方だな。
プロの目で見れば、
最も重要な検討課題だ」

『ジャッカルの日』
監督：フレッド・ジンネマン(1973年)

1960年代初頭、アルジェリアの独立を認めたシャルル・ド・ゴール大統領の暗殺を企てる秘密軍事組織(OAS) が、プロの殺し屋「ジャッカル」を雇います。ジャッカルは、彼らの政治信条には何の関心もなく、徹底したプロフェッショナリズムで報酬額を提示し、依頼を引きうけます。狂信者ではなくプロである彼は、目的の遂行と現場からの脱出に同じ価値を置くわけです。状況全体を見わたす曇りのない冷徹な目には、プロとしてしびれます。

「人の役に立ちたいんだ」

「時間のムダよ」

「なぜ?」

「人生は苦痛よ」

「そう、つらいよ。

死を地獄へ追い返すために

戦い続けなくては」

『モーターサイクル・ダイアリーズ』

監督：ウォルター・サレス（2004年）

1952年1月4日、アルゼンチンに住む喘息持ちの医大生エルネスト（後にキューバ革命に身を投じるチェ・ゲバラ）と生化学者のアルベルトが、南米大陸を北上する旅に出ます。それは、先住民族や銅山の過酷な現場で働く最下層の労働者、そしてアマゾン川の畔に隔離されているハンセン病患者たちと触れあい、この大陸を覆う現実に目覚める旅になりました。これは、ハンセン病患者とエルネストのやりとり。旅人2人が療養所に到着したのは、今日のことだったそうです。

運命は信じない。幸運を信じてる。

『ナイト＆デイ』

監督：ジェームズ・マンゴールド（2010年）

会社員のジューンは、出張帰りの機中で素敵な男性ロイに一目惚れ。運命の出会いかと思ったのもつかの間、いきなり銃撃戦が始まります。ロイはCIAエージェントで、しかもそのCIAから追われている身だったのです。そこにFBIやら永久に電気を供給する電池といったガジェットなどが絡まり、ジューンの望まぬ冒険は続くのです。このセリフはロイのもの。ジューンには幸運を招く勾玉が必要なようです。まがたまの日に（日本記念日協会認定）。

夢があったら守りぬけ。
そんなことできっこない
と言う連中もいるだろう。
でも、自分にできないから
そう言ってるだけなんだ。
やりたいことがあったら、
やればいい。
それだけのことだよ。

『幸せのちから』
監督：ガブリエレ・ムッチーノ（2006年）

ビジネスに失敗してホームレスにまで身を落としながらも、
再び成功をつかんだ実在の男をモデルにした映画です。結
局株式取引で復活するところといい、この手の話からはつ
い距離を置きたくなってしまいますが、「自分で出来ないか
ら相手を否定する」という種類の人はたしかにいます。ただ
し、こういうことを耳に囁くいちばん手強い相手は、自分自
身ではないでしょうか。“内なる検閲官”を押しのける「夢の
日」に（日本記念日協会認定）。

ペドロ、
自分の心に正直に話しなよ。
ぼくはいつもそうしてる。

『ナポレオン・ダイナマイト』
監督：ジャレッド・ヘス（2004年）

アイダホ州の片田舎に住むナポレオン・ダイナマイトは、絵に描いたように冴えない高校生。周囲の連中にはバカにされ通しですが、確固とした自分の世界を持っていてまったくめげません。同じくらい冴えないけれど、堂々としていてもの静かなメキシコ系のペドロが転校してくると、すぐ親友同士に。特に人気があるわけではないペドロですが、いきなり生徒会長に立候補することに決めます。これは、演説を前に緊張するペドロに投げかけた、ナポレオンの言葉です。

「どうする？」
「計画なんて、しょせん
起こらない出来事を
並べたリストにすぎない
と思うね」

『誘拐犯』
監督・脚本：クリストファー・マッカリー（2000年）

2人組の犯罪者ロングボーとパーカー、彼らを迎え撃つ汚れ仕事専門の解決係サーノ、そのほか登場する人間のほぼすべてがプロとしての矜持を持ち仁義を重んじる者ばかりという映画です。ラスト、敗北を覚悟した主人公たちがどうしようかと思案し、もう考えても仕方ないという結論を確認し合うのがこのやりとり。今や『ミッション：インポッシブル』シリーズを撮るようになった監督の長編第1作目ですが、隠れた大傑作です。マッカリー監督の誕生日に。

生きるのはつらい上、
人はみな死ぬ。
違えねぇ。
だがな、
人生にはやり直しの
チャンスが
巡ってくることもある。

『バビロンA.D.』

監督：マチュー・カソヴィッツ（2008年）

近未来を舞台にした、SFアクション映画です。主人公の傭兵トーロップは、この世界と人類に幻滅した男で、どんな希望も持っていません。そんな彼に、ロシアン・マフィアのゴルスキーが、ある任務を与えます。オーロラと呼ばれる若い女性を、ヨーロッパからニューヨークまで連れて行くというものでした。これは、トーロップのシニカルな心情をストレートに語る、冒頭のナレーションで触れられる言葉です。原作者モーリス・G・ダンテックの誕生日に。

私の基本ルールはこうだ。
〝最善の展開を期待しながら、
最悪の事態に備える〟

『ボーン・アルティメイタム』
監督：ポール・グリーングラス（2007年）

記憶を失った"人間兵器"ジェイソン・ボーンを主人公にしたシリーズの3作目。CIAとの望まぬ戦いを繰り広げつつ、自分の記憶を追うというのが大筋なわけですが、このセリフは、そのCIAの長官が部下に向けて口にした決まり文句。もちろん、このルールに従えば万能ということではなく、CIAはジェイソン・ボーンにやられっぱなしです。そういったことも含めてこの言葉の含蓄、ということになりそうです。シリーズ1作目の米国公開日に（2002年）。

まったく！
なんでもかんでも
マニュアル通りにしか
やれんのか？

『遠すぎた橋』

監督：リチャード・アッテンボロー（1977年）

連合国軍の無謀な作戦が描かれます。これは、何があって
も命令どおり自軍兵士の到着を待つというイギリス軍の少
佐に対して、多大な犠牲を払いながらようやくその地点に到
達したアメリカ軍の少佐が、いらだちをぶつける言葉。後知
恵でものを言うのは簡単ですが、どちらの気持ちもわかり
ます。いわゆる、現実が見えていない司令部に翻弄される
現場の葛藤です。仕事の現場では、1人の頭の中でこの2人
の軍人が激しく議論をすることの方が多いかもしれません。

誰かのことを理解して、
その人となにかを分かち合いたい。
そう願う気持ちの中にこそ、
奇跡があると思うの。
結局うまくいくことは
ほとんどないんだろうけど、
そんなことどうでもいい。
行動をおこすことに意味があるはずよ。

『ビフォア・サンライズ　恋人までの距離（ディスタンス）』

監督・リチャード・リンクレイター（1995年）

アメリカ人のジェシーとフランス人のセリーヌが、ブダペストからウィーンへの列車で出会います。6月16日のことです。意気投合した2人は、翌朝まで町を歩きながらいろんなことについておしゃべりを続けます。自分にとっては、家族をもうけるよりもこの世に何かを残すことの方が重要だとジェシーは話します。それに対するセリーヌの答えがこれ。夜が明ける頃には、2人の間に奇跡があることを共に理解しますが、半年後に同じ場所で再会することを約して別れます。

いいんです。
あたし
年取らないことに
きめてますから。

『東京物語』

監督：小津安二郎（1953年）

老夫婦の周吉ととみが東京にやってきます。ところが長男も
長女も、2人を放ったらかし。戦死した次男の妻である紀子
だけが、あれこれと心を使い夫婦につきあいます。そんな紀
子に、年を取ると寂しくなるから、ととみが再婚をすすめま
す。それに対する紀子の答えがこのセリフ。保守的な家族／
女性観を体現していると思い込んでいましたが、最近になっ
て、これは紀子が自立した人間である証なのだと腑に落ち、
爽やかな気持ちになりました。紀子役、原節子の誕生日に。

生きてることはすばらしいんだ。
人生の喜びを味わうことが大事なのさ。
それを忘れてた。
すべてのものが希望をもってる。
だから、やたら深刻ぶらず、
誠実に生きればいい。
僕はバカだった。

『エドワード・ヤンの恋愛時代』

監督・脚本：エドワード・ヤン（1994年）

大財閥の娘モーリーと、その学生時代からの親友で今は彼女の右腕として働くチチ。2人を軸に、経済的に余裕はあるけれど心の拠り所を見失いかけている台北の若者たちを描く映画です。このセリフは、かつてぬるい恋愛小説を書いていた己の過去を悔い、徹底して厭世的な作品を書き上げた作家のもの。ほんの一瞬前まで死を求めていたのに、ちょっとした出来事で当たり前のことに気づいたのです。もうすぐ1年の半分が終わるこの時期に、頭を切り替えるために。

わかってるだろ。

この世界は、

やさしさと光にあふれた場所なんかじゃない。

卑劣で汚いことばかりだ。

どんなに強いやつでも、

油断すればぶちのめされて

倒れたまんまってことになる。

人生ほどキツいパンチを

喰らわしてくるやつはいないんだ。

だがな、パンチの強さは問題じゃない。

重要なのは、
どれだけひどくぶちのめされても、
前に進み続けられるかどうかなんだ。
殴られても殴られても前に進み続ける。
勝利はその先にしかない。
自分を信じてるんなら闘ってこい。
ぶちのめされてこい。
ただし、どれだけボコボコにされても
他人（ひと）のせいにはするんじゃないぞ。
それは卑怯者のやることだ。
おまえはそんな人間じゃない！

『ロッキー・ザ・ファイナル』
監督・脚本：シルヴェスター・スタローン（2006年）

ひとまずのシリーズ完結編です。年甲斐もなくプロボクサーに復帰し、リングに上ろうとするロッキー。その息子ロバートは、有名なボクサーを父親に持ったせいで、自分がいかに損ばかりしてきたかと怒りをぶちまけます。そんな息子に、父の言い聞かせた言葉がこれ。「がんばれば成功できる」と簡単に言ってしまわないところが、苦労人ロッキーらしいところではないでしょうか。ひるんでいる時には、ほんとうによく効く言葉です。今年の半分が過ぎる前に。

夜明けの太陽を見たいとは
思わないかね？
赤と黄に染まった夕焼け空を
もう一度見たくないか？
月はどうだ？
星空を見たくないか？
夜空にぽっかり浮かんだ
満月を見たくない？

『桜桃の味』

監督・脚本：アッバス・キアロスタミ（1998年）

1人の中年男バディが、テヘランの街を車で走り回っています。自殺を手助けしてくれる人間を探しているのです。高額の報酬も払うつもりなのですが、なかなか引きうけてくれる人がいません。クルド人の若い兵士は逃げだし、アフガニスタン人の神学生は宗教上自殺は認められないからと拒みます。最後に乗せた老剝製師は引きうけますが、本当はとても辛いと漏らし、バディを翻意させようと話しかけ続けます。これはその言葉の一部。さくらんぼの季節に。

どうせ
人間なんて、
皆どっか
ちょっとずつ
おかしいんだから。

『言の葉の庭』

監督・脚本：新海誠（2013年）

高校生のタカオは、靴職人を目指しています。雨が降ると学校をさぼり、新宿御苑の東屋でスケッチに没頭するのが日課。やがて同じ場所に、1人の女性が姿を現すように。それがユキノです。朝からビールを飲み、チョコレートをかじっています。少し驚くタカオに向かって、ユキノの言うセリフがこれ。社会のめんどうに巻き込まれないためには、“ちょっとおかしい人”として、社会の外に半身だけでも出るという方法が有効なことを思い出します。梅雨の時期に。

１００％の
保証はありませんが、
理論上は完璧に可能です。

『ナバロンの要塞』

監督：J・リー・トンプソン(1961年)

エーゲ海の島に取り残されたイギリス軍部隊を救出するに
は、ナバロン島の要塞を破壊しなければなりません。そこで、
天才的な登山家のマロリー大尉に白羽の矢が立ちます。彼
のチームには、爆弾の専門家ミラー伍長がいます。「うまく
いくんだろうな」と大尉に訊かれた伍長の返す言葉がこれ。
「保証できない」と言いつつ、職人の誇りが溢れているよう
です。念を押す側も、この言葉だけを待っているような。そ
うだとしたら、理想的な信頼関係ではないでしょうか。

機械は人間と違う。

だから、人間とは異なった考え方をする。

さて、ここで興味深い疑問がわく。

考え方が異なっているからといって、

そいつが考えていないと言えるのか？

『イミテーション・ゲーム』

監督：モルテン・ティルドゥム（2014年）

コンピュータの父とも呼ばれる数学者アラン・チューリング
が主人公。第二次世界大戦中、ドイツの暗号機エニグマの
解読に成功した彼は、天才的な頭脳を持つだけでなく、人
の気持ちをあまり理解できないアスペルガー的傾向を持ち、
かつ同性愛者という、何重にも他人とは異なる存在でした。
同性愛が違法だった1950年代のイギリスの警察で、取り調
べを受ける中で発せられた言葉。彼なりの表現で、自分の
ことを語っているわけです。チューリングの誕生日に。

環境に合わせて
生きるなんてゴメンだ。
環境の方をおれに合わせて
変えてやる。（中略）
待ってても
誰も与えちゃくれない。
欲しいものは
自分で手に入れるんだ。

『ディパーテッド』

監督：マーティン・スコセッシ（2006年）

香港映画『インファナル・アフェア』のリメイク作。ボストンを舞台に、アイリッシュ・マフィアのフランクによって警察に送り込まれたコリンと、警察によって組織に送り込まれたビリーの物語が語られます。このセリフは、フランクの言葉。アイルランド系移民としてアメリカで生きていくのは簡単ではなかったが、そんな状況を決して甘んじて受け入れはしなかったという宣言です。1年の半分が終わりかけ、後半を見すえ始めるこの時期に。

運命なんて、
私たち人間が
発明したものなの。
起こる出来事が
ぜんぶ偶然だなんて、
とてもじゃないけど
耐えられないから。

『めぐり逢えたら』
監督：ノーラ・エフロン（1993年）

妻を亡くした痛手からまったく立ち直れないサムは、8歳の
息子に後押しされて、ラジオ番組でその気持ちを語ります。
そして、話に感動した全米の女性から大量の手紙が届くこ
とに。新聞記者のアニーもその中の1人です。彼女には婚約
者がいるのですが、何かが足りないという気持ちを拭えな
いでいます。このセリフは、無邪気に運命を信じる母に向け
たアニーの言葉。もちろん、運命と偶然は同義語であること
が、物語の展開とともに理解されるわけです。

やるべきことってのは、
難しいと相場が決まってるだろ。
意味あることを実行に移すのは、
簡単じゃない。
大人の世界の辞書に、
〝簡単〟の文字はないんだよ。

『ニコラス・ケイジのウェザーマン』
監督：ゴア・ヴァービンスキー（2005年）

デイヴィッドは、TV局で気象予報士として働いています。稼ぎも良く申し分ない人生のはずなのに、どうしても誇りが持てません。あまりに〝簡単〟な仕事だと感じるのです。ピュリッツァー賞作家である〝偉大な父〟ロバートも、大人になれないデイヴィッドに失望しています。これはロバートが息子に向けた言葉。たしかに、なにか行動を起こす時には背中を押してくれる考え方です。〝偉大な父〟に言われては、〝簡単〟ではないはずですが。お天気が気になる梅雨時に。

どんな自分になるのか。それを選ぶのは自分自身だ。

『スパイダーマン』

監督：サム・ライミ（2002年）

科学好きで内向的なピーター・パーカーは、高校でもしばしばいじめの標的に。ところがある日、思いもかけず特殊能力を手に入れます。当初は迷いのあった彼ですが、強盗殺人という悪に家族を奪われたことをきっかけに、その力を正義のために使うことに決めます。敵として立ち塞がるスーパー・ゴブリンの言葉が、これ。スーパー・ゴブリンの方も、彼なりの理由があって悪の道を選んだというわけです。主役を演じたトビー・マグワイアの誕生日に。

まわりの人間が
強く反対すればするほど、
その人の
正しさが証明される。

『天国から来たチャンピオン』
監督：ウォーレン・ベイティ＋バック・ヘンリー（1978年）

アメフト選手ジョーは、ようやく決まった出場試合の直前に交通事故で死んでしまいます。どうしても納得がいかず、天国への中継地点で激しく抗議。すると手違いで50年早く連れてこられたことが発覚し、急いで地上に戻るとジョーの体はすでに荼毘に。代わりになる体を探し始めますが、どれでもいいわけではありません。アメフトがプレイできなくてはならないからです。このセリフは、ジョーの寿命を再確認するように命じた時の、天使ジョーダンの言葉です。

人生のすべてを投げ出して
まじめに一生懸命働いている人は、
たいていの場合、
リーダーになりたいなんていう
自己顕示欲を持ってないのよね。
世界をほんとうに良くしているのは、
そういう人たちなのに。

『ビフォア・サンセット』

監督：リチャード・リンクレイター（2004年）

前作から9年、ジェシーとセリーヌも人生を重ねてきました。
作家になったジェシーは、プロモーションのためパリへ。そ
こでセリーヌと再会します。2人は路地から路地へと歩き、
ありとあらゆることについて議論を続けます。これはセリー
ヌの言葉。環境保護などの活動をする団体での経験を元に
話しています。物語と映画の経過時間が同じになるように作
られていることでも知られる作品です。このくらいの時期の
パリの、魔法のような光がたっぷり捉えられています。

彼女の元で一年働けば、
どんな雑誌にでも入れる。
何百万もの女子が
狙ってる仕事よ。

『プラダを着た悪魔』

監督：デイヴィッド・フランケル（2006年）

大学を卒業したてのアンドレアはジャーナリストを目指して
いますが、何の興味もなかったファッション誌に雇われます。
そして編集長ミランダのアシスタントに。ミランダは業界の
超有名人で、スタッフへの要求が度を越して厳しい人物。そ
うとも知らず無邪気な質問をしたアンドレアに、先輩アシス
タントのエミリーが答えたのがこれ。短期間で一人前にな
れるような厳しすぎる仕事では、一人前になったら去る、と
いう判断が重要であることを思い出させてくれます。

7月

混沌の歴史を生き抜き、
不正や不和や痛みや
苦しみを乗り超えて、
人類の魂を豊かにし、
私たちをここまで
進化させてきたものが、
ひとつだけあります。
それが勇気です。

『アルマゲドン』

監督：マイケル・ベイ（1998年）

小惑星が地球を直撃し、人類のみならずすべての生命が死に絶える日の近付いていることが判明します。それを回避するには、小惑星内部で核爆弾を炸裂させることだけ。そこで、石油採掘のプロ、つまり穴掘りのプロが集められ、宇宙へ。このセリフは、決して賢いとは言えない米国大統領の演説の一部ですが、結局はその通りであることが証明されるわけです。人類は、自身の絶滅を避けるためのテクノロジーと勇気を手にした、地球史上初めての種だと、彼は訴えます。

人をデブと呼んでも、

自分が痩せるわけじゃない。

人をバカと呼んでも、

自分が賢くなるわけじゃない。（中略）

人生でできるのは、

目の前にある問題を解決することだけ。

『ミーン・ガールズ』

監督：マーク・ウォーターズ（2004年）

アフリカから帰国し、シカゴ郊外の高校に転校してきた主人公のケイディ。いわゆる"帰国子女"の彼女は、無防備なままスクールカーストのど真ん中に。それは、大人社会の偏向をさらに強化したような集団でした。つまり、男性が中心にいる社会全体の歪みをそのまま反映した構造を持っていて、男に選ばれる容姿の女子が上位を占める社会です。でもそんなことすべてに意味がないと気づいた時の、ケイディの言葉が、これ。

道だって？
これから行くところに、
道は必要ない。

『バック・トゥ・ザ・フューチャー』

監督：ロバート・ゼメキス（1985年）

1985年のカリフォルニアに住む高校生のマーティーは、親友の科学者ドクの作ったタイムマシンで1955年に。ところが燃料が切れて未来に戻れません。そうこうするうちに、若かりし頃の母親に見初められてしまい、ヘタをすると自分が生まれなかったことになるかもと慌てるわけです。映画のラスト、ドクが姿を現し、今度は未来で大変なことが起こったからとマーティーを再びタイムマシンに乗せます。道が違うと指摘されて、答えたドクの言葉がこれ。

私たちはみんな、すっかり
我を忘れてしまっているようですね。
こんな時には、
一人だったら恥ずかしくて
絶対にやらないようなことを
集団でやってしまうものです。

『若き日のリンカーン』

監督：ジョン・フォード（1939年）

後に大統領となるリンカーンが、弁護士になりたてだった頃
を描きます。町の副保安官が殺されるという事件が起き、直
前に彼とケンカをしていた兄弟が逮捕されます。怒りに我を
忘れた群衆が監獄に押しよせ、兄弟を血祭りに上げようと
しますが、それを抑えたのがこのリンカーンの言葉。暴力の
噴出もアメリカ的なら、それを抑えるこういう少数派の理性
があることもアメリカ的と感じます。現在でもまったく有効
な言葉ではないでしょうか。アメリカの独立記念日に。

人はいくつに
なっても
学び続ける
のです。

『007　ダイヤモンドは永遠に』

監督：ガイ・ハミルトン（1971年）

シリーズの映画化としては7作目にあたるもので、主演は
ショーン・コネリー。コネリーは出演に際して、自分の選ぶ
企画2本への出資という条件を勝ちとりました。その1本が
怪作『怒りの刑事』（1973年）です。という話は蛇足ですが、
このセリフは2人組の殺し屋 Mr.ウィントと Mr.キッドの間
のやりとりに出てくるもの。"自然界の殺し屋・サソリ"に学
ぼうという2人なのでした。そう、シリーズにコント路線を
導入したのはこの作品とされます。1年の後半戦のために。

ママがいつも言ってた。
人生はチョコレート箱と同じ。
開けてみないと
何が入ってるか
わからない、って。

『フォレスト・ガンプ／一期一会』

監督：ロバート・ゼメキス（1994年）

"うすのろ"とバカにされながらも、チョコレート箱から出て
きたものを素直に食べ続け、結果として多くの人を救い、多
くの人に愛された主人公フォレスト・ガンプ。あからさまに
保守派の価値で塗り固められているとも言われます。作品
のメッセージとしては、その通りでしょう。それでもフォレス
トとこの映画に惹かれるのは、究極的な善良さを体現する
主人公のキャラクターが、そういう政治観を凌駕しているか
らではないでしょうか。奇跡的なことです。

機械には、
不必要な部品なんて
組み込まれていないでしょ。
ぴったり必要な部品だけでできあがってる。
だから考えたんだ。
もし世界が一つの大きな機械だとしたら、
僕だって必要な部品なんだってね。
僕が存在してることには
意味があるんだって。

『ヒューゴの不思議な発明』
監督：マーティン・スコセッシ(2011年)

映画創成期に活躍し"特撮映画の父"とも呼ばれるジョルジュ・メリエスは、奇術や機械人形にも惹かれていました。そうした史実を背景に展開されるこの物語の主人公は、モンパルナス駅の時計台に潜み住む孤児のヒューゴ。人間を観察するのも好きですが、時計職人だった亡き父親が遺した修理途中の機械人形を完成させたくてたまりません。そんなヒューゴの漏らす言葉が、これ。あり得べき社会の姿にも重なるようです。特撮の日に(日本記念日協会認定)。

希望はないと考えれば、完全になくなる。

人間には自由を求める本能があり、

物事に変化を引き起こす機会もある。

そう考えて初めて、私たちにも

この世界をいい方向に変えられるという

可能性が生まれる。

『はじまりへの旅』

監督・脚本：マット・ロス（2016年）

ベンとレスリーは、6人の子どもたちと一緒に森の中で自給
自足の生活を続けていました。子どもたちを、自分で物事を
考え生きていける人間にしたいと願ったのです。ところがレ
スリーは双極性障害を患い、入院先で自殺します。そして彼
女の葬儀のため、一家は山を下りることに。この言葉は、一
家の崇拝する思想家ノーム・チョムスキーのもの。両親を絶
対視することなく反発し、自分の力で思考し始めた次男が、
自ら選び取った言葉として、父に向ける和解の言葉です。

この平穏なひと時を心に刻もう。

野いちごとミルクの器。

君たちの顔。

眠っているミーカエルとヨフの楽器。

交わした言葉。

この手に記憶を留めよう。

こぼれぬよう、そっと優しく抱こう。

それが恵みとなり、喜びとなる。

『第七の封印』

監督・脚本：イングマール・ベルイマン（1957年）

十字軍の遠征から10年ぶりに戻った騎士アントーニウス。故郷はペストの蔓延で荒れ果てていました。目の前に、死神を名乗る男が現れます。騎士はチェスの対局を申し入れ、死は勝負が決まるまで保留されることに。盤上の戦いを進めながらも、騎士は神の姿を求めて旅を続け、様々な人々に出会います。結局、神には出会えませんが、旅芸人一座の夫婦とつかの間の幸せな時間を味わいます。これは、その時の騎士の言葉。野いちごの季節の終わりに。

生き延びたいんじゃない。
生きたいんだ。

『それでも夜は明ける』

監督：スティーヴ・マックイーン（2013年）

19世紀半ばのこと、実在の"自由黒人"ソロモン・ノーサップは、白人に欺かれて南部に売り飛ばされ、12年もの間奴隷として生きることになりました。その手記を映画化したのがこの作品です。奴隷の身分を受け入れ、誇りを捨てて生き延びることを拒否したわけです。「自分を抑え込み、ひたすら荒波が立たないようにしているだけなんて、生きているうちに入らない」そう自分に言い聞かせたくなる瞬間は、現代の生活でも折に触れてやって来ます。ソロモンの誕生日に。

一つだけ言えることがあります。

宇宙はものすごく大きい。

誰も夢にも見たことがないほどの

広さがある。

だから、そこに住んでいるのが

わたしたち人類だけだなんて……

ものすごくもったいないと思いませんか？

『コンタクト』

監督：ロバート・ゼメキス（1997年）

地球外知的生命体を探すプロジェクト（SETI）に打ちこむ
主人公のエリーは、日々宇宙からの電波に耳を澄ませてい
ます。計画そのものをバカバカしいものと考える人間もいて、
予算を取り上げられることも。でもついに、26光年離れた
ヴェガから発信されたと思われる信号を受信し、映画のラ
ストでは、エリーの内面奥深くと宇宙の彼方が、目のくらむ
ようなかたちでつながることに。施設の見学に来た子ども
たちに語りかけるエリーの言葉が、これです。

誇りを知る者は
必ず借りを返す……
そして約束を守る。

『ロード・トゥ・パーディション』

監督：サム・メンデス（2002年）

妻と息子と共に暮らすサリヴァンは、マフィアの殺し屋とし
て生きています。孤児だった自分を我が子のように育ててく
れた、ボスのルーニーに仕えているのです。ルーニーの愛情
もまた本物です。それでも、出来の悪い実の息子コナーとサ
リヴァンのどちらかを選ばなければならなくなった時、ルー
ニーは信義を曲げてコナーを取ります。このセリフは、サリ
ヴァンの息子に向けられたルーニーの言葉です。自分で自
分の言葉を裏切ることになるわけです。

怖くてもいいんだよ。
ちょっとぐらい怖くなきゃ、
勇気の意味がなくなる。

『スカイスクレイパー』

監督：ローソン・マーシャル・サーバー（2018年）

ロック様ことドウェイン・ジョンソン演じる主人公のウィル
は、元FBI捜査官。現役時代の事件で、左足の膝から下を
失いました。つまり無敵のロック様ではないのです。そんな
彼が家族と共に香港へ移住します。新しくできあがった高層
ビルの警備責任者の仕事を引きうけるためでした。ところ
がもちろん、そこはテロリストたちの襲撃を受け、決死の脱
出行が始まるというわけです。これは、ウィルが怖がる娘に
言い聞かせる言葉です。

幸運ってのは
ツール・ド・フランス
みたいなものなんだ。
ずうっと待ってても、
あっという間に目の前を
通り過ぎてしまう。
だからチャンスが来たら、
思い切って柵を飛び越えなきゃ。

『アメリ』

監督：ジャン＝ピエール・ジュネ（2001年）

妄想の世界でひとり楽しみながら生きて来たアメリにも、気に
なる青年ができます。他人の捨てたスピード写真を蒐集
するニノです。でも、一歩踏み出して言葉を交わすことがで
きません。このセリフは、アメリを見守ってきた老人が、彼
女の背中を押すためにかけた言葉です。もうひとつのセリフ
（4/25）と矛盾する内容ですが、2つは表裏一体の真実では
ないでしょうか。パリ祭の日に。

人と違う生き方は、
それなりにしんどいよ。
言いわけ
できないからね。

『耳をすませば』

監督：近藤喜文（1995年）

本が大好きな主人公の雫は、物語作家になるのが夢です。
惹かれ合うことになる聖司は、ヴァイオリン職人を目指して
いて、中学卒業後、イタリアへ修業に出る計画を具体化しま
す。それに刺激を受けた雫は、勉強そっちのけで物語を書
き始めるのです。母は受験の心配をしますが、父が投げか
けたのはこの言葉。誰にも強制されず勝手にやっているか
らこその夢です。それを"自己責任"と突き放さず、"しんど
いもの"と言ってもらえると、ほっと息がつけそうです。

思い切って
もう少しでかい夢を
見ようぜ。

『インセプション』

監督：クリストファー・ノーラン(2010年)

主人公のコブは産業スパイで、人の夢に入り込んで情報を
手に入れるのが仕事。新しい依頼は、人の頭に考えを植え
付けるというものでした。困難な任務です。そこで、仲間
を集めてチームを作ります。これはその一人で、口の達者な
イームスのセリフ。せっかく想像力で何でも手に入る夢の中
にいるのだから、自分で限界を設けるのはバカバカしいとい
う話。リアリズムを追求しすぎるきらいのある監督ノーラン
の、自戒に聞こえると言うのはうがち過ぎでしょうか。

弱い奴ほど派手なことをする。

『アメリカン・ギャングスター』

監督：リドリー・スコット（2007年）

フランクは、ヴェトナム帰還兵の軍用機を利用してヘロインを輸入し、大成功を収めます。「商売で大切なのは誠実さ、筋が通っていること、勤勉さ、家族」と語り、家族や親戚と共にビジネスを拡大していきます。ところが、甥のヒューイが調子に乗って派手な生活をするように。それを戒めるフランクの言葉がこれ。実際、弱い人間ほどプライドが高く、いばったり自慢したり悪ぶったりする、というのはよくあることです。つい調子に乗ってしまいたくなる真夏に。

さあ、
モリモリ食べて、
ビシバシ働こう。

『紅の豚』

監督・脚本：宮崎駿(1992年)

舞台は1920年代末のイタリア、アドリア海。主人公のポル
コ・ロッソは、かつてイタリア空軍のエースでしたが、今で
は小島に隠れ住みながら賞金稼ぎをしています。姿は、どう
いうわけか豚。ポルコに狩られてばかりいる空賊たちは、ア
メリカ人の飛行艇乗りカーチスを雇います。最初の一騎打ち
でポルコは撃墜され、かろうじて残った機体をミラノのピッ
コロ社に持ち込みます。修理を請け負ったピッコロ社社長
のセリフがこれ。労働の理想の姿を考えさせられます。

ありがたい。雨は舗道のゴミを洗い流してくれる。

『タクシー・ドライバー』

監督：マーティン・スコセッシ（1976年）

ヴェトナム帰還兵のトラヴィスは、不眠症で眠れない時間を活かそうと、タクシー運転手として深夜シフトに就いています。その彼のモノローグが、これ。社会への憎悪を抱えた孤独な彼は、病的な自意識を持てあましながら、いつの日かこの世の不正すべてが一掃される終末を待ち望み、やがては自ら街を浄化しようと考え始めます。このセリフにも歪んだ世界観が滲み出ていますが、雨にこういう清涼効果があること自体は否定できません。そろそろ梅雨の明ける時期に。

考えるな！　感じろ。
月を指さすのと同じだ。
指のことばかり
考えていると、
月のすばらしい
輝きを見失うぞ。

『燃えよドラゴン』

監督：ロバート・クローズ（1973年）

映画の中でブルース・リーが弟子に向かって説く、あまりに
も有名な言葉。よく知られているのは最初の1行ですが、2
行目以降によって、"直観で動く"だけでなく、目先の目標
のはるか先にあるものに目を据えて動けという教えが立ち
あがります。しかもそれは観念的なものではなく、具体的
に、指先のはるか彼方ですばらしい輝きを放っている月なの
です。人類が、月面着陸という壮大な夢を実現させたこの日
（1969年）に、そんなことを考えるのもいいかもしれません。

人は誰でも
過ちを犯すんだ。
歴史が
証明している。

『ムーンライズ・キングダム』

監督：ウェス・アンダーソン（2012年）

1964年の夏、ニュー・イングランド地方の小さな島で、孤児のサムと家族に問題児扱いされているスージーが出会い、駆け落ちします。2人とも早熟な12歳です。このセリフは、保安官であるシャープの言葉。人生を台無しにしてしまったと感じている、悲しい中年男である彼は、サムを一人前の人間と認め、自分よりも賢いかもしれないと認めているが故に、こう諭すのです。実のところ、自分を励ます言葉にもなっているようです。真夏の海に行きたくなる映画です。

最初は小さいのに、
どんどん大きく広がっていくだろう？
でも、
誰かが波を立てなければ、
さざ波も生まれないんだよ。

『ポカホンタス』

監督：マイク・ゲイブリエル＋エリック・ゴールドバーグ（1995年）

16世紀末から17世紀初めにかけて実在したとされる、ネイティヴ・アメリカンの女性ポカホンタスをモデルにした映画。ただし、史実はあまりよくわかっていないようです。この映画には、ディズニー作品らしく民間伝承的なファンタジー要素がたっぷり。ここでは、ポカホンタスとその恋人であるイギリス人ジョン・スミスに、長い年月人間を見守ってきた土地の精霊である"柳の木のおばあさん"が語りかけています。音楽を手がけたアラン・メンケンの誕生日に。

第一稿は心で書くんだ。
書き直す時に、頭を使う。
いちばん最初のコツは、
とにかく書くということだ。
考えるのではなくね。

『小説家を見つけたら』
監督：ガス・ヴァン・サント（2000年）

主人公の少年ジャマールは、ひょんなことから小説家のフォレスターと知り合います。処女作でピュリッツァー賞を獲ったのにもかかわらず姿を消した、謎の作家でした。そんな彼に興味を惹かれたジャマールは強引に作文の添削を依頼し、それが彼の才能を開花させていきます。そうした関係の中でアドバイスとして出てきたのが、この言葉。手紙を書く時にも、ちょっとこれに似た思い切りが必要な場合もあるような気がします。そこで「ふみの日」に（日本記念日協会認定）。

未来は、一方向だけに進んでるわけじゃないわ。私たちにも選べる未来があるはずよ。

『AKIRA』

監督：大友克洋（1988年）

第三次世界大戦から31年、2019年のネオ東京では、翌年に東京オリンピックを控え反政府ゲリラの活動が活発に。ある夜、主人公金田の仲間の1人である鉄雄がバイク事故をきっかけに超能力者として覚醒、すべてが再び崩壊へと動き始めます。これは、超能力者であるキヨコの言葉。カギとなる謎の存在アキラを知る彼女は、破壊に呑まれる未来を予知しながら、懸命に抗うのです。奇しくも物語と同じ年に開かれる2020年東京オリンピック開会式の日に。

ちょっとしたアドバイスをしてやろう。

この宇宙には、

万物を司る力（フォース）がある。

だからきみは、

その力に身をまかせればいい。

くよくよ考えるのはやめて、

起こることを全部受け入れる。

ゴルフボールになりきるんだ。

『ボールズ・ボールズ』

監督：ハロルド・レイミス（1980年）

名門カントリー・クラブでキャディーとして働くダニーは、クラブ・オーナーの1人であるスメイルズに気に入られようと一生懸命。大学進学には学費が必要なのです。そこに成金不動産のチャーヴィクが現れて、会員たちの顰蹙を買う振る舞いを続けます。それがとうとう、スメイルズとチャーヴィクの、大金を賭けたチーム対戦に発展し、ダニーも巻き込まれます。このセリフは、何の苦労もせずに育ってきた御曹司タイが、ダニーに授けるゴルフのコツ。

まあまあ、お待ちを！お楽しみはこれからですぞ！

『ジャズ・シンガー』

監督：アラン・クロスランド（1927年）

敬虔なユダヤ教徒の家庭に育った少年が、父に勘当された後に改名し、ジャズ・シンガーとして成功する、というお話ですが、それ以上に世界初の長編トーキー映画として有名な作品です。その中でも有名なのが、このセリフ。主人公が観客に投げかける言葉です。楽しみにしすぎていたせいで、まっただ中にいてもつい終わりのことを考えてしまう夏。まだまだ夏も夏休みも始まったばかり。そう自分に言い聞かせるため、この時期に。

自分勝手ね。
私を変えたい？
私はこの世界と同じよ。
変わるはずがない。
あなたは何なの？

『牯嶺街少年殺人事件』

監督：エドワード・ヤン（1991年）

1961年の夏、男子中学生スーが、同級生の女子ミンを刺殺します。スーは、素朴にも無愛想にも見えるミンに強く惹かれていました。彼から見たミンは貧しい家庭の子で、それ故男たちに弄ばれるかよわい存在。彼の感情は"守りたい"という一方的な"善意"として募っていきます。でももちろんミンは想像上の女の子とは違う生身の人間です。スーにとってはあまりに痛烈なこの言葉も、ミンにとっては当たり前のこと。人間関係の本質が串刺しにされているようです。

「発表があったよ」
「どうだった？」
「3セント切手だった」
「あなたのマガモの絵が？」
「すごい！」

『ファーゴ』

監督：ジョエル・コーエン（1996年）

借金で首の回らなくなった男が、妻の狂言誘拐を企てます。
マヌケな犯罪者たちのずさんな計画は、凄惨な展開に。こ
のやりとりは、事件を捜査する女性保安官マージと夫ノーム
の間で交わされるもの。ノームは絵を描いていて、それが少
額とはいえ切手に採用されたことを、マージは心から喜び
ます。家の外で醜悪なものをたっぷり見てきた妻と、そんな
ことを知らない夫のこのうえなく平和な報告。私たちの心も、
じわりと温まります。雪に埋もれたファーゴの風景を真夏に。

なんでもかんでも
運命任せにしてはいかん。
運命の女神は
いそがしいんだ。
たまには
手助けをしなきゃな。

『エバー・アフター』
監督：アンディ・テナント（1998年）

グリム童話の『シンデレラ』に、ちょっとひねりを加えた映画
です。「運命の人はいると思う?」「その人だと思っても違っ
てたら?」「出会ってるのに気づかなかったら?」とやかまし
く尋ねるヘンリー王子に、レオナルド・ダ・ヴィンチが言っ
て聞かせる言葉が、これ。ちなみにダ・ヴィンチの作品「ほ
つれ髪の女性（女性の頭部）」は、この映画のヒロインであ
るダニエルを描いたものという設定に。絵を見るとたしかに、
ダニエル役のドリュー・バリモアに似ています。

人には、どうしても虚無に惹きつけられる
ところがある。
だから、どうにかして
否定的なものの磁力から逃れよう。
今この瞬間というものを肯定しさえすれば、
あっという間に効果が波及していくからね。
肯定が肯定につながり、
それがどこまでも続いていく。
人生におけるあるひとつの瞬間を
肯定しさえすれば、
自分の存在全体を肯定することができるんだ。

『ウェイキング・ライフ』

監督・脚本：リチャード・リンクレイター（2001年）

1人の若者が、夢か現実かわからない世界を漂いながらいろんな人に出会い、世界認識や人間に関する様々な思考や哲学に触れていきます。実写をアニメーション化する手法を用い、映像そのものも夢うつつの不思議な感覚を醸し出します。登場する人々の多くが実在の人物で、そういう意味では半分ドキュメンタリーとも呼べるかもしれません。このセリフも、テキサスに住んでいたオルガン建造家のオットー・ホフマンの語った言葉。リンクレイター監督の誕生日に。

「あなたのお国はとても暑いの？」

「暑いなんてものじゃない！」

「じゃあどうやって我慢するの……？」

「じっと耐えるのよ……日かげでね……」

『エル・スール』

監督・脚本：ビクトル・エリセ(1983年)

1950年代、少女エストレリャは、父アグスティンと母と共にスペイン北部で暮らしていました。父は南の出身でしたが、内戦時に祖父と対立し、その後二度と故郷には戻っていないのだと母に聞かされます。エストレリャは、南への想いを募らせるようになります。やがて、父の乳母だったミラグロスと祖母が訪れます。南の国を知る人たちです。これはミラグロスとのやりとり。いつの間にか南の国になってしまったような日本の真夏に。耐えるだけでなく水分補給も忘れず。

8

月

「歳をとればとるほど、自分はどれだけ無知なまま死ぬことになるのかなって考えて、ますます謙虚な気持ちになってきたんだ」

「だから言ってるじゃない。あなたは何にも知らないって！」

「ハイハイ、そのとおりでございますよ！」

「でも、知らないのもそんなに悪いことじゃない。大切なのは、ちゃんと目を開いて探求し続けることの方。ハングリー精神を保つことの方よ。でしょ?」

『ビフォア・ミッドナイト』

監督：リチャード・リンクレイター（2013年）

再会から9年、ジェシーとセリーヌには双子の娘がいて、一家はギリシャで夏休みを過ごしていますが、前妻との息子のハンクは一足先に母親の待つシカゴへ。息子の近くで暮らすことを考えるジェシーと、パリでのキャリアを検討しているセリーヌとの間で、激しい口論が始まります。前作に続き、主演のジュリー・デルピーとイーサン・ホークも脚本に参加し、この作品にも、同年齢の人間のリアルな感覚が刻まれました。撮影はこの時期のギリシャだったそう。

あらかじめ決められた運命などない。

『アラビアのロレンス』

監督：デイヴィッド・リーン（1962年）

オスマン帝国からのアラブ独立闘争を支援した、イギリス陸軍将校トマス・エドワード・ロレンスを描いた映画です。砂漠の夜間行軍中に、1人の男が行方不明となります。ロレンスは、そのたった1人を救うために後戻りしようとします。アラブ人を率いるアリは、「彼の死は運命だったのだ」と彼を止めます。このセリフは、それへの返答です。救出に成功したロレンスは、一挙にアラブ人たちの敬意と信頼を獲得することになりました。主演ピーター・オトゥールの誕生日に。

やっぱり、
真面目にね、
こつこつこつこつ
やっていきゃ、
いつか、芽が出るんだから。

『男はつらいよ　寅次郎恋やつれ』
監督：山田洋次(1974年)

シリーズの13作目です。9作目の『柴又慕情』に続いて、吉永小百合がマドンナである歌子役を演じたことでも知られています。せっかく苦労の末に結ばれたのに、歌子は夫と死に別れたまま、姑たちと共にひっそり暮らしていました。それを知った寅さんは、彼女を元気づけるためにとらやに招待するというわけです。当たり前すぎるほど当たり前な、こういうセリフでも、たまには聞きたくなるものです。この言葉の通りだったらいいなあと心の底から考えながら。

セックス・ピストルズが演奏できたか？
演奏できる必要なんてないんだよ。
スティーリー・ダンじゃないんだから、
むしろ演奏しないですむように
練習しなきゃ。
それがロックさ。
一朝一夕じゃむりだ。

『シング・ストリート　未来へのうた』

監督：ジョン・カーニー（2016 年）

いじめられっ子が女の子の気を惹くためにバンドを結成するという、普遍的な青春もの。時代は 1985 年、舞台はダブリンです。高校生のコナーは、偶然見かけたモデルのラフィーナに、ミュージック・ヴィデオへの出演を依頼します。バンドを組んでもいないのに。さいわいコナーには、ロックの師匠として兄のブレンダンがいました。これは彼の言葉です。他にも「ロックってのはバカにされるリスクを冒すこと」という名言が。MTV 開局は、1981 年 8 月のことでした。

おい、おまえがいないと会社、つぶれちゃうのか？

『男はつらいよ　寅次郎心の旅路』

監督：山田洋次(1989年)

『男はつらいよ』の41作目では、とうとう寅さんがウィーンにまで足をのばします。いつものおせっかい根性で、弱り切ったサラリーマンの坂口に付き添って飛行機に乗ってしまったのです。という作品概要をまったく知らなくても、心に響きます。「会社はつぶれない」と頭ではわかっていても、ついつい「自分がいなくなると迷惑をかける」なんて考えてムリをしてしまうもの。会社の仕事、組織での役割を果たすことに疲れた時には、自分に問いかけたいセリフです。

あそこには、
子どもの
入っちゃいけない
部屋があるんだよ……
でも入っちゃおう！

『フロリダ・プロジェクト　真夏の魔法』

監督：ショーン・ベイカー（2017年）

フロリダにあるディズニー・ワールドのすぐそばに立ち並ぶ安モーテルで暮らす、6歳の少女ムーニーが主人公です。一緒に暮らしている母は、職がありません。モーテルに住む他の人々もギリギリの生活を続けています。でもムーニーと親友たちは、モーテルのまわりをうろつきかけ回りながら楽しく遊んでいます。これは、そんなムーニーのセリフ。どんな状況にいても、子どもにとってはすてきな冒険へと誘う魔法のような言葉ではないでしょうか。夏休みに。

ごめんね。
でも行かなきゃ、
仕事より大事なものを失う。
それじゃ……
みんなが待っているから。

『機動警察パトレイバー 2 the Movie』

監督：押井守(1993 年)

"政治"や"組織"に絶望した男が、東京に戦争状況を作り出します。その現実を前にしてもなお機能しない"組織"を見限った主人公たち特車二課第二小隊は、"テロリスト"の計画を阻止するため、独自の行動に立ち上がります。このセリフは、仲間たちの元に馳せ参じようとする自分を思いとどまらせようとする妻に対して、進士幹泰が口にしたもの。後方支援担当の地味で気の弱い男ですが、正しいかどうかもわからないまま、命がけの決断をしたわけです。

「檻になんか入れるつもりはないさ。

ただきみを愛しているんだ」

「おんなじことよ」

「ホリー、それはちがう……」

「わたしはホリーじゃない。

ルラ・メイでもない。

自分でも誰なのかわからないの!

この猫みたいなものね。

二人とも名無しのぐうたら。

誰にも飼われてないし、誰も飼ってない。

完全に自由な関係なの」

『ティファニーで朝食を』

監督：ブレイク・エドワーズ（1961年）

作家のポールは、奔放なホリーに自分の気持ちを伝えます。
ホリーの答えは、「だから何？」。何よりも、"誰かのもの"に
なるのがイヤなのです。自由な生き方を猫に喩えます。たし
かに、犬と違って猫は飼い主にひとすじではありません。猫
好きにはたまらないポイントの1つです。原作者のカポー
ティーはマリリン・モンローをイメージしていたようですが、
猫を思わせるヘップバーンはホリーにぴったりです。今日は
世界猫の日なのだとか（国際動物福祉基金）。

お前は
負けん気だけで
心がない。
どっちもなきゃ
だめなんだよ。

『北国の帝王』

監督：ロバート・アルドリッチ（1973 年）

大不況下、職を求める浮浪者たちは、貨物列車の無賃乗車で各地を移動していました。「北国の帝王」とは、乗れない列車はない伝説の浮浪者です。そして鉄道の方にも、腕が立つ上に残忍極まりない車掌が。そこへ、帝王の座を目指す若者シガレットが現れます。目標のためには卑劣なことも厭いません。そんな彼に対して帝王の投げつける言葉がこれ。成功のために何でもできる図々しさも才能なのかと絶望しかけたら、この言葉が蘇ります。アルドリッチの誕生日に。

古代エジプト人は、
死についてすてきなことを信じていた。
魂が天国の入り口にたどり着くと、
門番が二つ質問をするんだ。
門をくぐれるかどうかは、
その答えで決まる。
〝あなたの人生に、
喜びはありましたか？〟
〝あなたの人生は、
他の人に喜びを与えましたか？〟

『最高の人生の見つけ方』
監督：ロブ・ライナー（2007年）

機械工として生きて来たカーターと億万長者のエドワード。
共に末期の肺癌を抱える2人はたまたま同じ病室に入り、
知り合います。正反対の2人でしたが、ふとしたことから「死
ぬまでにやりたいことリスト」を一緒に実現しようというこ
とに。このセリフは、歴史の教師になりたいと願いながらか
なわなかったカーターが語って聞かせる話です。「人の役に
立ちましたか？」ではない点が魅力的。お盆の時期に。

コンタクト入れてるし……
『新米死者のためのガイドブック』を
読んだの。生きてる人は
変わってるものとか普通じゃないものを
無視するって書いてあるでしょ。
わたし自身、変わってて普通じゃないから。

『ビートルジュース』

監督：ティム・バートン（1988年）

リディアは、父チャールズとその後妻デリアと共にニューイングランド地方の田舎町に引っ越して来ます。ところが彼らの家には、元の住民夫妻アダムとバーバラの幽霊が。一家をどうにか追い払おうとする夫妻ですが、チャールズとデリアらにはその姿が見えず効果がありません。ただリディアにだけは、2人の姿がわかります。見える理由を尋ねられた時の彼女の答えが、これ。"変わってて普通じゃない"ことの素晴らしさを感じさせてくれるこの作品も、お盆の時期に。

たしかに
人生ってのは不可解だ。
だからみんな、
なんとか折り合いを
つけようと
もがきながら生きてる。
それだけさ。

『ハリーとトント』

監督：ポール・マザースキー（1974年）

1人暮らしの老人ハリーは、マンハッタンのアパートから追い出されて居場所を失ってしまいます。そこで、娘の住むシカゴに向かいます。ところが愛猫トントのおかげで飛行機もバスも使えず、中古車で旅を続けることに。道中いろんな人間と出会うわけですが、これは、人生の思わぬ成り行きに戸惑う内気な孫にかけた言葉。ハリー自身、この歳になって初めてシカゴよりも西に足を踏み入れることになります。もがくというより、楽しみながら、ではありますが。

あなたは、
心を開くと
また傷つくのではないかと
こわがってるだけ。
傷を癒やせるのは、
信頼だけです。
傷ついていても大丈夫。
傷ついた心は、
何かのために努力した証拠だから。

『食べて、祈って、恋をして』

監督：ライアン・マーフィー（2010年）

離婚をした30代半ばのリズは、1年間の旅に出ます。ほんの少し前までは、家も夫もライターとしてのキャリアも手にしていたのに、一挙にその内の2つを失ったのです。イタリアでは食を探求し、インドでは精神世界を見つめ、バリ島では恋に落ちます。この言葉は、バリ島の占い師のセリフ。こう教えられてもなお恐れを捨てきれないリズは後に、恋のためにバランスを失うのは、人生のバランスのために良いこと、とも諭されます。

夢見てちゃダメ、
夢になりなさい。
願うだけでは
ダメ、夢になりなさい。

『ロッキー・ホラー・ショー』

監督：ジム・シャーマン(1975年)

"トランシルヴァニアのトランスセクシュアルから来たスウィートなトランスヴェスタイト"を自称するフランクンフルター博士、博士の作った筋肉隆々なブロンド男子のロッキー、脳の一部をロッキーに提供した博士の元恋人エディーといった登場人物。乱交、人肉食、ドラッグなどなどの要素。あらゆるものがてんこ盛りになった"カルト映画"の代名詞のようなこの作品ですが、クライマックスで博士が歌うこの曲は、まっすぐに心を揺さぶるようです。

イタリアはとても貧しくて
弱い国だ。
だがそれ故に我々は強い。
おかげで
この戦争を生き延びて、
君らの国が滅びた後も
まだ存在し続けられるのさ。

『キャッチ22』

監督：マイク・ニコルズ（1970年）

第二次世界大戦中、イタリアの小島に駐屯するアメリカ空軍部隊の基地を舞台に、戦争状況の不条理を体現する登場人物や出来事が描かれます。このセリフは、御曹司である米兵ネイトリーに、自称107歳の地元の老人が語ったもの。老人は、大義に殉じることなく徹底した日和見主義で生き延びてきました。その姿勢を軽蔑するのは簡単ですが、日常生活で接する狂気な状況に対応する姿勢としても、学ぶ点は大いにあると感じさせられます。終戦記念日に。

でもこの混乱こそ、僕自身の姿だったんだ。

理想とは違うけど、もう怖くはない。

知らないことも、

欲しくて手に入らないものも、

すべてさらけ出そう。

生きてると実感するには、

まっすぐなきみのまなざしを

しっかりと受けとめるには、それしかない。

人生は祝祭だ。いっしょに生きよう。

『8 1/2』

監督・脚本：フェデリコ・フェリーニ(1963年)

フェリーニ本人に重なる映画監督グイドが、新作の構想を考えあぐねています。助けを求めた評論家にはアイディアをすべて否定され、苦悩は深まるばかり。現実も妄想も夢もないまぜになり、混乱が極まった先で突如、グイドは悟ります。その時の独白の一部がこれ。見ての通り、やぶれかぶれの開き直りなのでしょうが、人生にはたしかに、理屈を捨てた、こういういきおいでしか突破できない局面があります。なので、夏祭の季節に。

アホのまま
死ぬより、
ひと晩だけ
でもいいから
天下を取りたい。

『キング・オブ・コメディ』

監督：マーティン・スコセッシ（1983 年）

度を越して思い込みの激しいルパートは、コメディアンとしての成功を夢見ています。憧れのスターとちょっと口をきいただけで、成功への道が拓けたと信じ込むくらいに。そんなふうにルパートの奮闘は続きますが、やることはギリギリの線を通り越して犯罪の域に入っていきます。しかも、本人もある程度それをわかっていてやっています。そしてとうとうとんでもないことをしでかした後のセリフが、これ。文字どおり危険な力を持つ呪文のような言葉です。

この街に来るのは
これで最後にしましょ。
また来ても、
こんなに
楽しくなるはずないもの。

『ロスト・イン・トランスレーション』

監督・脚本：ソフィア・コッポラ(2003年)

ややくたびれの見える年齢に入った俳優ボブは、CMの撮影のため日本に滞在しています。同じホテルには、大学を卒業したてのシャーロットが、売れっ子写真家の夫と共に泊まっていましたが、仕事と遊びに忙しい夫には放っておかれたままでした。2人はホテルのバーで出会い、互いの人生の話をするうちに、心を通わせるようになっていきます。これは、映画の後半でシャーロットがぼそりと漏らす言葉。こう思える旅に出たいと感じさせられます。夏休みの旅行の季節に。

「頭がイカレてる？

そんなもの、多数派が定義したものにすぎん。

たとえば、バイ菌だ」

「バイ菌？」

「そう。18世紀にはそんなものなかった。

影も形もなし。

だれも想像すらしたことなかった。

頭がまともな人間ならな」

『12モンキーズ』

監督：テリー・ギリアム（1995年）

2035年、人類のほとんどが死に絶えています。1996年に
散布されたあるウィルスが原因です。治療法を見つけるべ
く、ジェイムズが過去に送り込まれます。ところがなぜか到
着したのは1990年で、すぐに精神病院に収容されます。そ
こで出会う患者が、ジェフリー。これは彼の言葉です。実際、
ジェイムズもまた一方的な診断により"イカレてる"とされた
わけで、正気／狂気の判断基準に関する話には説得力があ
ります。頭のおかしくなりそうなくらい暑い真夏に。

勇気ってのはな、
怖くてたまらないことを
やった後で
手に入るものなんだよ。
やる前じゃなくてな。

『スリー・キングス』

監督・脚本：デイヴィッド・O・ラッセル(1999年)

休戦協定が締結され戦闘が終了した直後のイラクで、陸軍
特殊部隊のアーチー・ゲイツ少佐が金塊の情報を入手。サ
ダム・フセインが、クウェートから奪ったお宝を隠し持って
いたというのです。ゲイツは、3人の仲間を率いてその探索
行に出ます。ところが、その過程でイラクの現実を知るにつ
れて、ゲイツたちのシニカルな姿勢も変化を遂げていくので
す。このセリフは、大義のために一か八かの行動に出る寸前
にゲイツが口にしたもの。ラッセル監督の誕生日に。

自分はどっちのタイプの人間だと思う？

なにか良いことが起こった時、

そこに兆候（サイン）を、

つまりは奇跡を見いだすタイプか？

それとも、

単に運が良いと考えるタイプか？

こう言いかえてもいい。

この世に起こることがすべて必然

なんてこと、あり得るのだろうか？

『サイン』

監督・脚本：M・ナイト・シャマラン（2002年）

妻を亡くした時に信仰を失った元牧師のグレアム。2人の子どもと、弟メリルと一緒に田舎の農場で暮らしています。ある時から、不思議な兆候（サイン）がいくつも現れ始め、やがてそれは"宇宙人"の襲来を意味することがわかります。その渦中メリルに語って聞かせるグレアムの言葉がこれ。映画の結論としては、どちらにしてもその出来事が何を意味するのかはわからないというものでした。であれば、行動をおこしやすいと感じる方の解釈で良いということになりそうです。

世のため、人のため、
身を捧げるというのは嘘です。（中略）
私は子供が好きです。
これは献身とは違う。
子供のためにではなく、自分のためなのです。
自分に必要だからです。
自己犠牲の言明を信じてはいけない。
それは虚偽であり、人を欺くものです。

『コルチャック先生』

監督：アンジェイ・ワイダ（1990年）

ポーランドの小児科医、ヤヌシュ・コルチャックを主人公と
した映画です。コルチャックは、ユダヤ人孤児のための孤児
院院長、児童作家、"老博士"の名前で教育問題を論じるラ
ジオ番組を持つなど、様々なかたちで児童教育に力を注ぎ、
ワルシャワのゲットーからトレブリンカ強制収容所に移送さ
れる子どもたちに付き添い、そこで亡くなりました。この言
葉は、"老博士"としてラジオで語ったもの。宗教および信条
に基づく暴力行為の犠牲者を記念する国際デーに。

たたけば誰だって
ホコリは出る。
"きれい"ってのは
盗まずに飯が食え、
まともな職があり、
よく働くってことだ。

『コロッサル・ユース』

監督：ペドロ・コスタ(2006年)

リスボンに存在した貧民街フォンタイーニャス。再開発が進みほとんどの住民たちが出て行きました。カーボヴェルデ出身の老人、ヴェントゥーラもその1人。これは、同じ街に住んでいたニューロの言葉です。みな、どこにいても楽な生活ではありません。更地になった直後のフォンタイーニャスを取材で訪れた時、映画では巨大な迷宮に見えた街があまりに小さく見えて驚きました。奴隷貿易とその廃止を記念する国際デーに。カーボヴェルデは奴隷貿易の中継港でした。

「命を救ってやったのは、
2度目だぜ」
「まあね。ツケにしといて」

『ゴースト・オブ・マーズ』

監督：ジョン・カーペンター（2001年）

22世紀の、テラ・フォーミングされた火星。学者たちが誤って、火星の先住民が封印していたゴーストを解放してしまい、それに取り憑かれた者たちによる大殺戮が始まります。たまたま現場に居合わせた警官のメラニーは、護送すべき囚人であるジェームズと協力し合いながら脱出を図ることに。この西部劇的設定の中で、戦いながら互いに対するプロフェッショナルな敬意が深まっていく、というのがカッコいいわけです。これは、そんな彼らの間のやりとりです。

無知というのは、
険しい坂道を
行くようなものだ。
谷底には、
危険な岩が
転がっていることにも
気づかないまま。

『風とライオン』

監督・脚本：ジョン・ミリアス(1975年)

1904年のモロッコが舞台。アメリカ人女性イーデンと子どもたちが、ベルベルの首長ライズリに誘拐されます。ライズリは、西欧列強の干渉を払いのける努力をしないこの国のスルタンが、重い腰を上げざるを得ない状況を生み出そうと考えたのです。誇り高く、智慧も行動力もあるライズリとイーデンの間にはある信頼関係が、そして敵方の交渉相手であるT・ルーズヴェルト大統領との間にも互いに対する敬意が生まれていきます。このセリフはライズリの言葉。

犬は、カッコいい車もでかい家も
おしゃれな服もいらない。
びしょ濡れの小枝が一本あれば、
それで満足なのさ。
僕たちが金持ちでも貧乏でも関係ないし、
賢くてもバカでも気にしない。
心をこめて愛してやれば、
向こうも全力で愛してくれる。
そんなことできる人間はいるかい？

『マーリー　世界一おバカな犬が教えてくれたこと』
監督：デイヴィッド・フランケル（2008年）

ジャーナリスト同士の新婚カップル、ジョンとジェニー。
ジェニーが子作りを考え始め、その予行練習として犬を飼う
ことになります。それが、ラブラドール・レトリーバーのマー
リーです。犬好きならすぐに同意し、涙ぐむかもしれないこ
のセリフは、ジョンの言葉。ほかによけいな解説はまったく
必要ないでしょう。アメリカでは、今日が犬の日なのだそう
です。

僕たちは家族だった。
たしかに機能不全では
あるけど、
そうじゃない家族なんて
存在しない。

『ゾンビランド：ダブルタップ』

監督：ルーベン・フライシャー（2019年）

ゾンビの大量発生により、人類が絶滅に瀕してから10年。前作の主人公たちは、少しずつ成長しながら今も一緒に行動しています。これは冒頭、そんな自分たちを紹介する主人公コロンバスのナレーションです。どうがんばっても"まともな家族"になり得ない人間の集団（機能不全家族）だという自覚があり、その事実を受け入れられていればこそ、ぎりぎり機能するのが家族ということでしょうか。お盆の帰省など、家族のことを考える機会も増える夏の終わりに。

芸術家の悲痛な叫びが、
世界中にこだましています。
「全力を尽くして
創作するための、
自由が欲しい！」と。

『バベットの晩餐会』

監督・脚本：ガブリエル・アクセル（1987年）

デンマークの片田舎に、老姉妹が住んでいます。19世紀の
お話です。2人のもとには、パリ・コミューン後のフランスを
脱出した女性、バベットがやって来て、家政婦として働き始
めます。実はこのバベット、パリの有名なレストランのシェフ
でしたが、そのことを隠したまま、姉妹の亡き父の生誕100
年を祝う晩餐会の料理を作らせてほしいと申し出るのです。
誰にも言わず、自分の当てた宝くじの金を費用に充てて。バ
ベットは、芸術家として最善を尽くせたということです。

俺たちは若くないし、
かっこよくないし、
ダメ人間かもしれない。
でもな、俺たちだって
ここでこうして
生きてるんだ。
今晩だけは、とことん
やってやろうぜ！

『フル・モンティ』

監督：ピーター・カッタネオ（1997年）

イングランド中部の工業都市シェフィールド。かつて栄えた鉄鋼業も衰退し、町には失業者が溢れ、ジリジリしながら暇を持てあましています。主人公たちはその中でもさらにしょぼくれた中年男たちなのですが、ある日、男性ストリップを目にして自分たちでやろうとひらめくのです。身体を見せることからは最も遠いところにいることは気にせず、そう思い込めることが勝利への第一歩ということでしょうか。そう考えさせるのがこの映画の魅力なわけです。

我慢ならない人に
出会ったら
諦めるのがいちばん。
人を変えようとなんて
しちゃだめ。
そもそもたいていは
手遅れだし。

『悲しみよこんにちは』

監督：オットー・プレミンジャー（1958年）

17歳のセシールはプレイボーイの父レイモンと共に、コート・ダジュールで夏を過ごしています。そこへ、レイモンの亡き妻の友人であるアンヌがやって来ます。教養のある成熟した女性で、父との距離は急速に接近。そのせいで2人だけの楽しい生活が終わることをおそれたセシールは、仲を裂こうと陰謀を巡らせます。アンヌは、レイモンの交友関係がセシールに悪影響を与えるのではないかと心配しますが、それに応えたセシールのセリフがこれ。夏の終わりに。

負け犬クラブは仲間を見捨てない。

ルーザーズ

『IT／イット THE END』

監督：アンディ・ムスキエティ（2019年）

スティーヴン・キングの小説『IT』を映画化した作品の後編。1988年に少年少女だった主人公たちが27年の時を経て、幼年期を過ごした町デリーに再集結します。この土地に取り憑くなにかの恐怖と対峙するために帰ってきたのです。このセリフは、それぞれ家族との問題を抱え、学校でもいじめられっ子だった彼らの合い言葉です。職業、性別、人種、国籍などなど属性を超えて"負け犬クラブ"を結成できたらという夢想が広がります。夏休みの終わりに。

9

月

人生は
いつでも
やり直せる。
今この瞬間にも。

『バニラ・スカイ』

監督・脚本：キャメロン・クロウ（2001年）

遺産を相続した若き富豪デイヴィッドは、遊び回っています。親友の恋人ソフィアと一夜の関係を持ちますが、それに嫉妬した遊び相手に危うく殺されかけることに。命は助かったものの醜い傷痕が残り、そこから人生は急降下をはじめます。これはソフィアのセリフ。SF的技術によってこの言葉が理念ではなく事実となった時、人はやり直すことを選択するのか。選択したとして、それは正しいのか。映画はそんな問題を突きつけます。夏休み明けの生活に直面する時期に。

どうして初めての体験が
怖いんでしょうね。
毎日が最初の体験じゃないですか。
毎朝が初めての朝です。
一日たりとも同じ日はありません。
なのに、毎朝起きるのが怖い
なんてことないでしょう。
どうしてなんでしょうかね？

『ヤンヤン 夏の想い出』

監督・脚本：エドワード・ヤン（2000年）

台北に住む平凡な中流家庭に見える一家に、静かな、でも深い変化がおこる様子を捉えた映画です。ヤンヤンの父NJは、仕事を金儲けの手段としか考えない姿勢には違和感をおぼえるタイプ。ところが、警戒しながら会った日本人のオータは、意外にも自分と同じタイプの人物でした。「失敗をおそれず新しいことをやりましょう」と背中を押してくれたのです。これは会食でのオータのセリフ。素朴な言葉ですが、深く腑に落ちます。夏の日々を反芻する晩夏に。

毎日大勢とすれ違う。
その誰かと、もしかして
親友になれるかもしれない。
だから僕はすれ違いを避けない。
ケガする時もあるけど、
楽しければいい。

『天使の涙』

監督・脚本：ウォン・カーワイ(1995年)

モウは、香港にある重慶マンションの管理人の息子。小さい頃から"口が不自由"で友だちも少なく、ひとり街を彷徨するのが習慣です。一方、マンション内には女性エージェントの事務所があり、映画の最後、モウは彼女とすれ違います。その時のモノローグがこれ。モウの言う通り、たしかに"すれ違い"と"出会い"の距離はごくわずか。夏休みが明け、すれ違う人の数がぐっと多くなるこの時期に、こう考えると通勤も少し楽しくなりそうです。

道を見失ったら、
いったん原点に戻って、
最初からやり直すのが
いちばん良いと
思ったんだ。

『帰らざる河』

監督：オットー・プレミンジャー（1954年）

ゴールドラッシュに沸くアメリカ西部の町に、刑務所から出たマットがやって来ます。人に預けていた息子のマークを引き取りに来たのです。マットは、2人で狩りや釣りや農業をしながら楽しく暮らそうと言います。金鉱掘りみたいに金持ちになれるかなと尋ねるマークに、"金を見つけられない金鉱掘り"には勝てると応えます。そして離ればなれだった間にこんなことを考えたんだと語るのがこのセリフです。下半期の始まるこの時期、迷ったら思い出したい言葉です。

俺が誰かは俺が決める。
そのために
俺は生まれてきたんだ。

『ボヘミアン・ラプソディ』

監督：ブライアン・シンガー（2018年）

バンド「クイーン」のフレディ・マーキュリーを主人公とした
映画。移民の青年が、私生活でも創作活動でも、そして音
楽業界でも戦いながら生き抜く姿を描きます。フレディは世
界的な大スターとなり、そのキャリアの頂点でAIDSに罹患。
このセリフは、その事実をバンドのメンバーに伝える時の言
葉です。残り時間はすべて音楽作りに使うから、"被害者"に
なる暇はないと宣言するのです。そもそもそのために生まれ
てきたのだ、と。フレディの誕生日に。

実を言えば、

今のぼくは一日だって

過去に戻ったりしない。

この日に狙いを定めて

未来からやってきたみたいにして

毎日を生きて、楽しんでるんだ……

今日という日が、

自分のすばらしくて平凡な人生の

最後の一日だと考えながらね。

『アバウト・タイム〜愛おしい時間について〜』

監督・脚本：リチャード・カーティス（2013 年）

人生のあの瞬間に戻って、あそこだけやり直したいと考えることは誰しもあります。この映画の主人公ティムの家系では、男だけがその能力を持っています。それを知って以来、ティムはいろんなやり直しをしようとしますが、時間の流れを変えると思わぬところに影響が出て、なかなか思い通りにはいきません。そしてやがては、このセリフで説明されるとおり、一日一日が特別な日であるかのように噛みしめながら生きるのがいちばんだと気づくのです。

忘れるなよ。
勇敢であるためには、
勇敢すぎないことが
肝心だ。

『シャイアン』

監督：ジョン・フォード（1964年）

不毛な土地に強制移住させられたシャイアン族が飢えと病に苦しめられ、ついに故郷に向けて出発したという史実を基にした映画です。政府はただちに討伐軍を派遣しますが、それを率いることになるのがシャイアン族に同情的なアーチャー大尉でした。このセリフは、大尉が部下に与える注意。知性と思いやりの感じられるセリフです。勇敢すぎないのが肝心というのは、人生のあらゆる場面で有効な智慧ではないでしょうか。映画は1878年のこの日に、幕を開きます。

庭の草木は、
季節と共に成長します。
まず春と夏が来ます。
でもそれから秋と冬が
やって来て、その後には、
また春と夏が来るのです。

『チャンス』

監督：ハル・アシュビー（1979年）

チャンスは知的障害を抱えていますが、住み込みの庭師と
して働いていた家の主人が亡くなり、住処を失うことに。こ
のセリフは、庭師の立場から「季節は巡る」という事実を述
べているにすぎないのですが、彼のまわりの人々はここに深
遠な意味を読み取り、ありがたがります。そして不思議なこ
とに、そのことを知っている我々の心をも、落ち着かせる力
を持っているようです。主人公を演じた英国のコメディアン、
ピーター・セラーズの誕生日に。

根が傷んでさえ
いなければ、
何の問題もありません。
庭は万事順調です。

『チャンス』
監督：ハル・アシュビー（1979年）

庭師チャンスの名セリフからもう1つ。これもまた、言葉通り植物の話をしているだけなのですが、ヘトヘトに疲れたり、人生の選択を間違えたと絶望的な気分になった時には、どういうわけかじわじわと効いてくる言葉です。自分がそういう状況になっている時だけでなく、周囲の人が落ち込んでいる時にも掛けてあげたくなる言葉ではありませんか？

ずっと夢見てきた。
不可能と思われた
世界のことをね。
そうしたらある日……
私は、
その中にいたんだ。

『トロン：レガシー』

監督：ジョセフ・コシンスキー（2010年）

CG映画の先駆けだった前作から28年、主人公ケヴィンは20年前から行方不明のままで、息子のサムは、父の遺したソフトウェア会社からも距離を置いて生活しています。ところがある日、コンピュータの中へ吸い込まれると、そこには父の夢が現実となった世界がありました。前作のケヴィンは、その中で大冒険を繰り広げたのです。このセリフは、幼いサムにその体験を話して聞かせるケヴィンの言葉。これは、誰にとっても胸躍る状況です。

「人魚に会う方法、知ってる？」

「いいえ」

「海の底まで降りていく。

水の色はもう青を通り越していて、

空の色も思い出せなくなるくらい

深いところだ。

そこでただじっと浮かぶ。沈黙の中で。

このままここに残ろう、

人魚のためなら死んでもいいと

心が決まったら、

ようやく姿を現してくれる。

そしてきみの愛が

ほんものかどうか見きわめるんだ。

純粋な愛だと分かったら、

ずっと一緒にいてくれる。

そして永久に連れ去ってくれるんだよ」

「いい話ね」

『グラン・ブルー』

監督：リュック・ベッソン(1988 年)

実在のフリーダイバー、ジャック・マイヨールをモデルにした物語。"異星人"かと思えるくらい純粋なジャックと、そのライバルになるいかにもなイタリア人のエンゾとの友情、そしてフリーダイビングと海中の景色に精神世界の広がりを与えたことで、日本でも熱狂的なファンを多く獲得した映画です。"人魚"について語るこのジャックのセリフには、映画のテーマが凝縮されているようです。海の季節の終わりに。

「同志よ、また会おう」
「……あなたは
コミュニストなんですか?」
「いいや。
だが俺にも同志はいる」

『影の軍隊』

監督・脚本:ジャン=ピエール・メルヴィル(1969年)

主人公のジェルビエは、ドイツ軍占領下のフランスで抵抗運動を続けるレジスタンスの一員です。ほんのわずかな誤りが命取りになる地下組織には、裏切り者は殺されなければならないという鉄の掟があります。政治信条を超えて同志になった相手でも、それは変わりません。そういう同志を持ちたいと思わせるセリフですが、怖ろしい意味も含んでいるわけです。神格化されているレジスタンスを、まるでマフィアのように描いたということで批判も浴びた作品です。

おい、出口はどこだ。
早く出ねえと、
懐かしくて
頭がおかしく
なりそうなんだよ！

『クレヨンしんちゃん
嵐を呼ぶ　モーレツ！オトナ帝国の逆襲』

監督・脚本：原恵一（2001年）

昭和30〜40年代の世界にどっぷり浸かれるテーマパーク「20世紀博」。やがてしんのすけの両親たち大人は、人格までを"懐かしさ"に支配されてしまいます。21世紀に絶望した人間が、日本全体を"あの頃"に戻そうと企んでいたのです。これは父ひろしのセリフ。今までの人生を無かったことにして子どもの頃の世界に戻りたい、という"懐かしさ"の衝動。その強烈な力を否定することなく抗うのには、勇気がいります。1970年の今日、日本万国博覧会は閉会式を迎えました。

「行きたくない」

「だめよ」

「どうして?」

「苦しい時ほど

人は輝くから」

「輝きたくなんかない」

「それを決めるのは

あなたじゃない」

『タレンタイム〜優しい歌』

監督・脚本：ヤスミン・アフマド（2009年）

マレーシアで、高校生の音楽コンクール「タレンタイム」が
開催されます。進歩的なムスリム家庭育ちのムルーはオー
ディションを通過し、やがてインド系ヒンドゥー教徒のマヘ
シュと恋に落ちます。異教徒同士であること、マヘシュは耳
が聞こえないことなど2人の仲は簡単ではありません。これ
は本番の日、ムルーとその妹マワールのやりとり。強めに背
中を押すのがやさしさという場面もあるのです。今年も残す
ところ3分の1。少し疲れたかなというこの時期にあえて。

国民が政府を怖れるなど、
あってはならない。
政府の方こそ、
国民を怖れるべきなのだ。

『Vフォー・ヴェンデッタ』

監督：ジェイムズ・マクティーグ（2006年）

2032年、ファシストによる独裁国家となった英国が舞台です。秘密警察の構成員に襲われたヒロインのイヴィーは、謎の男Vに救われます。17世紀に政府転覆を謀ったガイ・フォークの仮面を被ったVは、裁判所の爆破、政府幹部の暗殺など、暴力を用いた直接行動を展開していきます。これはVの言葉です。理念としては正しく、明確です。いちばん難しいのは、理念を現実のものにする方法なわけですが。国際民主主義デーに（国連による国際デー）。

所詮、武士の面目などと
申すものは、
単にその表面(うわべ)だけを
飾るもの。

『切腹』

監督：小林正樹(1962年)

ある大名屋敷に浪人が姿を現し、食い詰めたので庭先を借りて切腹したいと申し出ます。そこから、論理と論理がギリギリと音を立てて切り結ぶような緊迫したやりとりが続いていきます。浪人は何者なのか。過去に何があったのか。これは、その浪人の言葉です。家族を救おうと、武士の恥も誇りも投げ捨てて奔走した末に無残な死を遂げた娘婿を、「よくぞ血迷うた」と讃えます。組織の論理に対するこの強烈な異議申し立てを聞くと、血が沸きます。

やるか、やらないかだ。 やってみる、ではない。

『スター・ウォーズ　エピソード5／帝国の逆襲』

監督：アーヴィン・カーシュナー（1980年）

主人公ルークの師匠、ヨーダのセリフです。覚悟の定まっていないルークには、この言葉がたちまち効くということはありませんでした。そういえば昔、厚紙で出来たコースターを人差し指で貫ける友人がいました。「出来ると思ってやれば出来るよ」と言われてやってみると、たしかにできました。でも最近ふと思い出して試してみると、指を痛めたのです。敗因は、試してみるという姿勢でしょうか。下半期が始まって半月、そろそろエンジンをかけなおすために。

いつかは過去も
忘れられるものさ。
むずかしいことも
あるけどな。
でもちょっとした
きっかけで忘れちまう。
いちおう言っておくと、
おれにもそういう
経験があるんだ。

『リオ・ブラボー』

監督：ハワード・ホークス（1959年）

町は悪人どもに封鎖され、孤立した保安官チャンスの味方
は、アル中の保安官補デュード、毒舌だけが取り柄の老人
スタンピー、早撃ちだけれど経験不足な若者コロラド、そ
して女賭博師のフェザーズだけという、西部劇の楽しさが
ぎゅっと詰まった映画です。このセリフは、チャンスがデュー
ドに語りかけたもの。今年もこの時期まで来ると、痛い失敗
の1つや2つはあるのが自然ではないでしょうか。そんなこ
とは忘れて気分を新たにするために。

「あんた進路決めたの？」

「うん。

やっぱりまだわかんないけど……

でもいいの。決めたの。

ひとつずつできることからやる」

『秒速5センチメートル』

監督・脚本：新海誠（2007年）

時間とともに変化する男女の距離を描く、3つの短編で構成される作品。このセリフは第2話「コスモナウト」の花苗の言葉。苦しい片思いを抱えた高校3年生で、趣味のサーフィンも進路も五里霧中。誰しも身に覚えのあることですが、歳を重ねたらこういう状況と無縁になるというわけではありません。進む方向がわからなくなったら、あるいはわかっていても、"できることからやる"という基本に立ち返るべき時期はありそうです。たとえば1年のこのくらいの頃とか。

地上に ひとつの場所を 空にあるように

『右側に気をつけろ』

監督・脚本：ジャン＝リュック・ゴダール（1987年）

耳にこびりつく美しい言葉、涙がこみあげるほど美しい風景、はっとさせられる美しい女性たち、滑稽な男たち、職人仕事のような録音作業、突然盛り上がる叙情、カッコいい言葉の断片、光、海、空、森、フィルム缶、自動車、スピード、停滞……。どこまでもポップなゴダール作品です。この言葉は、くり返し登場する印象的な字幕です。それがどんな場所なのか言葉にできなくても、どういうわけか胸を締め付けられるような気持ちになります。空の日に（日本）。

「おれって変かな?」

「変だよ」

「いやまじな話、おれって変?」

「ああ、変だよ。だから何だって言うんだ。変じゃないやつなんていないさ」

『スタンド・バイ・ミー』

監督:ロブ・ライナー（1986年）

1959年の夏、オレゴン州の小さな町に住む4人の少年たちが、列車に跳ねられたという少年の死体を見つけようと旅に出ます。親に愛されていないと感じている内気なゴーディー、優れた頭脳を持ちながらひどい家族のため将来に夢を持てないクリス、退役軍人の父に虐待されているテディ、デブでのろまなバーンというそれぞれに変わった子たちです。中でも変わっているテディが、ゴードンを問いただすやりとりがこれ。原作者スティーヴン・キングの誕生日に。

したことは後悔しない。
後悔するのは、
しなかったことについてだ。

『エンパイア・レコード』

監督：アラン・モイル（1995年）

24時間営業のレコード店「エンパイア・レコード」は、危機に瀕していました。オーナーが、大手チェーンへの身売りを考えているのです。従業員のルーカスはそれを知って、売上金を持ったまま姿を消します。カジノで金を増やし、店を救おうと考えたのです。という具合に展開する青春コメディ映画。セリフは、ルーカスのもの。その後の歴史では、大手チェーンすら生き残れなかったということを私たちは知っています。むしろ個性を究める路線の方に勝算があることを。

「旅は人を変えはしないと言ったのは
誰だっけ?」

「ボードレール」

「彼は間違ってた。

人は自分の内に閉じこもって
ばかりはいられない。

やっぱり地上でしか生きていけないんだ」

『愛の誕生』

監督：フィリップ・ガレル（1993年）

中年期も過ぎかけた男が2人。俳優のポールには妻と息子ピエールのほかに愛人がいて、作家のマルキュスはエレーヌと同棲しています。ポールには娘が誕生しますが、愛人と別れたりよりを戻したりと、あいかわらずです。そんな父にいらだちを隠せないピエール。家を逃げ出したポールは、マルキュスと共にエレーヌの滞在しているローマへ。これは道中の会話です。移動と景色の変化だけで、突如、頭の中が切り替わることがあるものです。秋の旅行の季節に。

「あたし、何歳だと思う?」

「二十七?」

「あら、お優しいこと。三十六よ。

何歳でスケート始めたと思う?

三十一の時。

自分の才能に気づくのに、

それだけ時間がかかったってこと。

しかも、ここまでくるのに

死ぬほど努力したんだから」

『ローラーガールズ・ダイアリー』

監督:ドリュー・バリモア(2009年)

母親に女の子らしさを押しつけられている17歳のブリスが、ローラーゲームの強暴な魅力に取り憑かれます。年齢を偽ってハール・スカウツに入り込み、親には内緒のままみるみる力をつけていくブリスに、ライバルチームのマギーが声をかけます。それがこのやりとり。若いだけの選手には負けないという挑発です。積み重ねた年齢の陰に隠れず、たまには真っ向から若者と競り合ってもいいかもという気持ちにしてくれます。今年も残り3カ月というこの時期に。

私たちは、女性が活躍する世代でしょ。

オプラ・ウィンフリーとか
見習う人がたくさんいたわ。

でも男性たちはどうなの？

居場所が見つからなくて、

いい歳して子どもみたいな服着て

テレビ・ゲームばっかりしてる。

たった一世代で、

ジャック・ニコルソンとか

ハリソン・フォードみたいな男性が消えて、

こんなありさまになるなんてあり得る？

いまや滅びゆく種族よ。

『マイ・インターン』

監督・脚本：ナンシー・マイヤーズ（2015年）

ジュールズの経営するファッション通販の会社は、シニア・インターン制度で70歳のベンを雇います。最初は扱いに困る彼女ですが、そのうち人生を積み重ねてきた大人としての人柄に癒やされるように。これは、社内の若い男性社員とベンの世代を比べた言葉。様々な選択を重ね、社会の中で男の論理と戦ってきた女性からすると、同世代の男性は永遠の思春期坊やに見えるのでしょう。かといって、旧態依然とした価値観しか持たない男性が良いわけでもありませんが。

才能は運。
人生で大切なのは
勇気だと思う。

『マンハッタン』

監督：ウディ・アレン（1979 年）

42 歳の放送作家アイザックは、17 歳のトレーシーとつきあっています。友だちのエールは、妻がいるのに女性編集者メリーに夢中ですがやがて破局し、アイザックがメリーとつきあうことに。という具合に、ウディ・アレンらしい恋愛のドタバタが続きます。このセリフは、アイザックの言葉。才能にまつわる言葉には、簡単に鼓舞されたりガックリきたりしますが、これは前者の代表ではないでしょうか。ジョージ・ガーシュウィンの音楽が印象的な映画です。その誕生日に。

りっぱに死ぬのは
難しくない。
りっぱに生きることの方が
難しい。

『無防備都市』

監督：ロベルト・ロッセリーニ（1945 年）

第二次世界大戦末期、ローマ以北の地域はナチス・ドイツ
の傀儡政権の統治下にありました。この時期のローマを舞
台に、ゲシュタポに追われるレジスタンスの戦いが描かれま
す。神父であるドン・ピエトロは、レジスタンス指導者であ
るマンフレーディのメッセージと闘争資金を、市外にいる仲
間に届けるよう依頼します。これは、そのドン・ピエトロの
言葉です。大義のために次々と人が捕らえられ、拷問を受け、
死んでいく状況下では、一層胸に響きます。

自分の内なる声が、

はっきり聞こえる人もいる。

そして、その声に従って

人生を歩んでいく。

そういう人間は、

最終的に頭が

おかしくなることもあるし、

伝説になることもある。

『レジェンド・オブ・フォール／果てしなき想い』

監督：エドワード・ズウィック（1994 年）

ネイティヴ・アメリカンへの非道な扱いに絶望した元騎兵
隊大佐ラドローと、その友人であるクリー族のワン・スタブ
が、家族を連れてモンタナ州の僻地に移り住み、牧場を作
ります。ラドローの3人息子のうち、次男であるトリスタン
の人生を軸に語られる歴史大河ドラマです。この言葉は、ワ
ン・スタブによる冒頭のナレーションから。"内なる声"が
はっきりと聞こえる特別な人ではなく普通で良かった、と感
じさせられます。秋に。

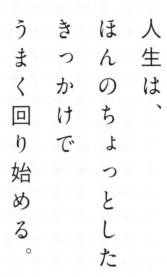

人生は、
ほんのちょっとした
きっかけで
うまく回り始める。

『幸せの始まりは』

監督・脚本：ジェームズ・L・ブルックス（2010年）

人生をかけてきたソフトボール選手としてのキャリアが終わり、パートナーの女遊びが止まないリサ。父親の経営する会社が行っている不正行為について嫌疑をかけられ、それを知った彼女にあっという間に捨てられたジョージ。瀬戸際に立つ2人が、惹かれ合っていくことになるわけです。これはジョージのセリフ。ほんのちょっとしたことで大ヒットとなった小麦粉粘土のおもちゃの逸話が、その証拠だと語ります。いつの間にか1年の残りもあとわずかと気づく時期に。

あなたの置かれた状況は
変えられない。
でも、その状況との
向き合い方を
決められるのは、
あなただけよ。

『50/50 フィフティ・フィフティ』

監督：ジョナサン・レヴィン（2011年）

アダムは突然、5年生存率50％の悪性腫瘍を宣告されます。
親友のカイルは、これまでとまったく変わらない関係を続け
ますが、ガール・フレンドのレイチェルとは別れることになり、
過干渉気味の母親にも疲れ果てていきます。その間に症状
も進みます。そんな彼の支えとなるのが、当初は頼りないば
かりに見えた駆け出しの臨床心理士キャサリンでした。こ
れは彼女のセリフ。たしかに、世界も人も、なかなか変えら
れないものです。自分自身もまた。

10
月

金メダルはすばらしい。
でもな、
金メダルを獲らなきゃ
満足できないってことは、
金メダルを1個獲っても
満足できないって
ことなんだ。

『クール・ランニング』

監督：ジョン・タートルトーブ（1993年）

雪の降らない南国ジャマイカの選手たちが、ボブスレーでオリンピックに出場し、金メダルを獲ろうと思いつきます。そこでコーチとして引き込んだのが、かつて金メダルを2つも獲りながらいかさまに手を染め、選手生命を絶たれていたアーヴィングでした。どうして素晴らしい成果を上げながらそれでもインチキをしたのかと問いかける選手への答えが、このセリフ。「大金を手に入れたら、もっと金が欲しくなるだけ」という言葉を思い出させます。

絶望した時には、
思い出すことにしているのです。
真実と愛はつねに
勝利をおさめるということをね。
暴君や殺人鬼があらわれて、
無敵に見える時期もあるでしょう。
しかし最終的には、彼らは敗れ去るのです。
忘れないで下さいよ。
いつでも必ずそうなのです。

『ガンジー』

監督：リチャード・アッテンボロー（1982年）

非暴力主義をつらぬき、故国インドを独立に導いたマハトマ・ガンジーの半生を描く映画です。物語は1893年の英国領南アフリカにいる若き弁護士であるガンジーが、列車で人種差別に遭うという出来事から始まります。苦しい闘いの果てに独立を勝ちとり、その後も解消しない宗教対立に苦悩し続け、そういう状況下で暗殺されたガンジーですが、このセリフには彼の姿勢が凝縮されているようです。ガンジーの誕生日である今日は、国際非暴力デーです。

僕の結論はこうだ。
憎しみは
重い荷物みたいなもの。
怒ったまま過ごすには、
人生は短すぎる。
その価値はない。

『アメリカン・ヒストリーX』

監督：トニー・ケイ(1998年)

ユダヤ系の教師を怒らせた高校生のダニーは、黒人である校長と2人で歴史を学び直すことに。〈アメリカン・ヒストリーX〉と名付けられたそのクラスでは、兄のデレクについて考えるという宿題が出されます。デレクは白人至上主義に染まり、黒人殺害の罪で服役していたのです。ところが再会したデレクは、以前とは別人のような人間になっていました。そして弟が自分と同じ道に踏み出すのを防ごうとします。これは、兄から学んだ弟が、作文に書きとめた言葉です。

人生は
すばらしいものだよ。
怖がるのを
やめさえすればね。
必要なのは
勇気と想像力と、
すこしばかりの
金だけさ。

『ライムライト』

監督・脚本：チャールズ・チャップリン（1952 年）

落ちぶれた道化師のカルヴェロが、美しいバレリーナのテリーに出会います。テリーは、あるトラウマから自殺を企てたところでした。どん底にいる彼女を励まそうと、カルヴェロの投げかける言葉がこれ。なおこの映画は、サイレント期の大スターだったバスター・キートンとチャップリンが共演した唯一の作品です。当時どん底にいたキートンに、助けの手を差し伸べたいという気持ちが、チャップリンにはあったそうです。キートンの誕生日に。

きみは自分のことを自由人だって言うけど、

ほんとは、檻の中に閉じ込められるかもって

いつもびくついてる。

いいかい、きみはもうすでに

檻の中にいるんだよ。

自分で作った檻の中にね。

その檻は、世界中

どこに行ってもついてくる。

どこまで逃げても、

自分から逃げるのはむりだからね。

『ティファニーで朝食を』
監督：ブレイク・エドワーズ（1961年）

とにかく自由に楽しく生きているホリーと、彼女と同じ建物の一室に引っ越してきた作家のポール。ホリーは男の取り巻きを引き連れて大騒ぎ、ポールは裕福な愛人との関係を続けています。それでも2人は、それぞれの理由からお互いに惹かれるものを感じ始めるのです。このセリフは映画の後半、何かに追われるように自由を唱え続けるホリーに業を煮やしたポールが、別れの言葉として言い放つ言葉です。

善人は、底の方に
ぎっしり溜まってるんだ。
上に浮かんでくるのは
クリームと
ろくでなしばかりさ。

『動く標的』
監督：ジャック・スマイト(1966年)

自分の離婚話すら解決できず、朝から出がらしのまずいコーヒーを飲み、おんぼろのポルシェを乗り回す、しょぼくれた私立探偵ルー・ハーパーが主人公です。失踪した大富豪の行方を捜すうちに、いろんな女性に出会い、思いがけない陰謀に巻き込まれていきます。これはルーのセリフです。なんだかまじめにやっていてもなあという屈託を感じたら、たまにはこんな言葉を自分に投げかけるのもいいかもしれません。1年も残り4分の1を切ったこのあたりの時期に。

この世界に、
やりすぎ
なんてものはない。
どこまでもやり続けろ。
押して押して押しまくれ。
押し返されたら、
もっと強く押すんだ。

『トゥー・フォー・ザ・マネー』

監督：D・J・カルーソー（2005年）

「それができたら苦労しないよ」というアドバイスの典型です。そもそも、押されれば押されるほどイヤになる人の方が多いのではないでしょうか。でももちろん押し方ということがあって、気づかないうちにすうっと誘導されている場合も。とはいえ、これは人間相手の売り込みに限った話ではなく、なんであれ粘り強く諦めないという姿勢だと受け取れば、共感できる言葉です。この映画では、スポーツの情報を売る企業の経営者が、このセリフを口にしていました。

怖れるな。

恐怖は心を殺す。

恐怖はすべてを、

根こそぎにする小さな死だ。

僕は怖れない。恐怖を受け入れ、

心の目を開いて

僕の中に広がる恐怖を見つめる。

恐怖が通り過ぎたら、

後にはなにも残らない。

残るのは僕だけだ。

『デューン／砂の惑星』

監督：デイヴィッド・リンチ（1984年）

SF小説『デューン』を映像化したこの作品は、大きな期待を裏切った大失敗作とされます。でも、視覚的にも聴覚的にも全編を覆うダークな印象に冒頭からすっぽりとはまり込んでしまった人にとっては、歪さこそ魅力の核と感じられるような映画です。登場人物の内面の声が、そのまま独白として聞こえるところも新鮮でした。これは、主人公ポール・アトレイデスが試練を与えられた時の独白。呪文のような力を持っています。原作者フランク・ハーバートの誕生日に。

「私の人生なんて、
おまえにとっちゃ
大したもんじゃないだろうが、
これでも自分で選んだ人生なんだ」
「父さん、人生を
選ぶことなんてできないよ。
できるのは生きることだけさ」

『星の旅人たち』

監督・脚本：エミリオ・エステベス（2010年）

ベビーブーマー世代のトムにとって、息子のダニエルが仕事を捨てて自分探しの旅に出かけるのが、ただの贅沢にしか思えません。しかもダニエルは、サンティアゴ・デ・コンポステーラへの巡礼の旅の途中、事故で亡くなってしまいます。トムは、遺品と遺灰を受け取るため現地におもむき、息子が歩くはずだった道を辿り始めます。そうして、ようやく息子の気持ちがわかり始めるのです。これは、回想の中での息子とのやりとり。巡礼の旅に最適なこの季節に。

なあ、エド。
自分のヴィジョンがあるなら、
そのために戦えよ。
他人の夢のために、
自分の人生の時間を使って
どうする？

『エド・ウッド』

監督：ティム・バートン（1994 年）

"史上最低"とも言われる映画監督、エド・ウッドの半生を
描く映画。ウッドの映画にかける情熱は本物で、天才監督
オーソン・ウェルズが憧れの人でした。このセリフは、出資
者たちにやかましく干渉されたウッドがスタジオを飛び出て、
偶然ウェルズに出会う、という架空のシーンから。ウェルズ
が彼の気持ちを代弁してくれているわけです。誰にも理解
されなかったとしても、自分のヴィジョンは守る価値がある。
そうだと良いなあとしみじみ感じます。

「きみは感情的で、
とっぴなことを好き放題に
言い散らかしている。
これは個人的なことじゃなくて
仕事なんだぞ」

「個人的なことじゃないですって？
これはわたしの仕事よ！
汗水垂らして、子どもと過ごす時間を
削って打ちこんできたのよ。
これが個人的なことじゃなかったら、
いったい何なの？」

『エリン・ブロコビッチ』

監督：スティーヴン・ソダーバーグ（2000年）

シングル・マザーのエリンが、大企業を相手にした公害の集団訴訟を勝利に導くという実話を描きます。法律教育を受けたわけでもないエリンは、住民たちに共感する力と粘り強さだけによって、長い間隠されてきた不正を嗅ぎつけ、明るみに出したのです。"仕事に感情を交えるな"とは男社会の紋切り型であり、不正を隠す姿勢そのものでもあるわけですが、そんなもの歯牙にもかけないエリンの姿が小気味良い映画です。国際ガールズ・デーに。

謙遜なんかいらん。
私が信じるのは誇りだ。
良い映画を
作っているという
誇りなんだ。

『軽蔑』

監督・脚本：ジャン＝リュック・ゴダール（1963年）

アメリカ人プロデューサーのジェレミーは、撮影中の映画の脚本が気に入らず、脚本家ポールにリライトを依頼します。ジェレミーは、いわゆる"横暴なハリウッド・プロデューサー"像にぴたりとあてはまります。でも、言うことが真実を突いていないわけではありません。たとえばこのセリフ。過去の仕事を褒められて謙遜するポールに投げた言葉です。ポールが妻に"軽蔑"され始めた瞬間も、この時かもしれません。今年も残り3カ月。このあたりで強気になるために。

俺がおかしいのかな？ それとも世界の方が 狂ってきてるのかな？

『ジョーカー』
監督：トッド・フィリップス（2019年）

精神を病んだ大道芸人のアーサーが、母親を介護しながら
スタンダップコメディアンを目指すという報われない日々の
果てに、真実の己を糊塗して生きるのをやめ、『バットマン』
シリーズ最大の悪役ジョーカーとして生まれ変わるまでを描
きます。これはソーシャルワーカーに漏らした、アーサーの
言葉。生活の中で追い詰められていると、往々にして"狂っ
て"いるのが世界の方であることを忘れがちです。折に触れ
て思い出すため、1年の終盤に入ったこのくらいの時期に。

人生の半分は
トラブルよ。
あとの半分は、
それを乗り越えるため
にあるの。

『八月の鯨』

監督：リンゼイ・アンダーソン（1987年）

アメリカで最初の長編映画である『國民の創生』（1915年）
のヒロインを演じた、ほとんど歴史上の人物のように思われ
ていた女優リリアン・ギッシュが、93歳で主演した映画です。
妹役のベティ・デイヴィスもまた伝説的な女優で、当時79
歳でした。物語は、この姉妹が、子どもの頃に毎年やって来
ていた別荘で展開されます。8月になると姿を現す鯨を見に
来ていたのでした。有名なこのセリフは、姉妹の友だちであ
るティシャのものです。ギッシュの誕生日に。

二度と
逃げたり
しません。
人生からも
恋からも。

『麗しのサブリナ』

監督：ビリー・ワイルダー（1954年）

サブリナは、父が運転手として仕えるララビー家の次男デイ
ヴィッドに恋をしていますが、彼には一人前の女性とすらみ
なされていません。それだけではなく、デイヴィッドが別の
女性に心を奪われているのを知り、自殺を図ります。それを
助けたのが、デイヴィッドの兄、ライナスでした。その出来
事の後、サブリナはパリに渡り、自分磨きの2年を過ごすの
です。これは、パリ生活で自信を手に入れたサブリナが、父
に宛てた手紙に書きつけた言葉です。

男が伴侶に望むのはね、
ただの連れや恋人でもなければ、
自分の子どもの母親ですらない。
欲しいのは、
世間の荒波を
共に乗り越えていける相棒なのさ。
それに、
何を荒波だと思うのかという
感覚も共有してないとね。

『紳士協定』

監督：エリア・カザン（1947年）

ジャーナリストのフィルは、反ユダヤ主義についての記事を
依頼されます。選択したのは、自分がユダヤ人になってみる
という手法。結果、想像以上の差別と、事なかれ主義から
沈黙する人々の害悪を味わうことに。本来は良識的で善良
な婚約者キャシーもまた、"立ちあがらない"人間の１人と
わかり、フィルは失望します。これはキャシーの幼なじみで
あるユダヤ人のデイヴが、彼女に語って聞かせた言葉。まだ
手遅れではないと背中を押すのです。秋の結婚シーズンに。

あんたはあんたの
仕事をしなよ。
おれはおれの
仕事をする。

『ブリット』

監督：ピーター・イェーツ（1968 年）

スティーヴ・マックイーン演じる刑事ブリットは、保護して
いた証人を殺害されます。マフィアを告発する裁判において、
重要な証言をするはずの男でした。ブリットは、証人保護を
任せた上院議員チャルマースに叱責されます。でも、裏側で
何ごとかが進行中であることに気づいたブリットはこの言
葉でそれを遮り、自分のやり方で捜査に着手します。組織
の中では、叱責者が満足するためだけの叱責も珍しくあり
ません。そういう時、つい腹の中で呟いてしまうセリフです。

今宵、
世界は光でいっぱい。
太陽も月も
そこらじゅうにある。

『ウエスト・サイド物語』
監督：ロバート・ワイズ＋ジェローム・ロビンス（1961年）

『ロミオとジュリエット』の物語を、50年代のニューヨーク
で語りなおしたミュージカルを映画化した作品です。ここで
は、ポーランド系とプエルトリコ系の不良少年グループが敵
対しています。前者を親友と一緒に作ってからグループを抜
けたトニーと、後者のリーダーの妹であるマリア。出会って
しまった2人にとっては、夜でも輝きまくっているという歌
です。映画の公開日に。日本では1961年の公開当時、511
日に及ぶ超ロングラン上映となりました。

成功を妨げる
たった一つの
障害を教えてやろう。
言いわけだ。
うまくいくわけないと
自分を説得するための
言いわけなんだよ。

『ウルフ・オブ・ウォールストリート』

監督：マーティン・スコセッシ（2013 年）

違法行為をくり返して大成功を収めた、株式ブローカーの
伝記を基に作られた映画です。主人公ジョーダンは、最初
にダメ人間ばかりを集めて会社を作ります。その部下たちを
焚きつけるための言葉がこれ。違法行為にまで踏み込むか
どうかとは関係なく、このセリフには真実があります。新し
いアイディアを否定するのは簡単。ましてやそれを考えたの
が自分の場合、うまくいかない理由を考えるのはもっと簡単
です。年の終わりが視界に入るこの時期に。

誰もそいつを吸えなんて言ってないぞ。自分で決めたことには、責任持てよ。拳銃を突きつけられて無理強いされたわけじゃないんだからな。

『トレーニングデイ』

監督：アントワン・フークワ（2001年）

ジェイクは、LA市警察麻薬取締課の新人。ベテラン刑事アロンゾに同行するのですが、汚職刑事との評判もある彼のすることは常識を逸脱したことばかり。やがてジェイクは、言葉巧みに、押収したドラッグを吸引させられます。その時のアロンゾのセリフがこれ。悪意の塊ですが、主旨は間違っていません。新しい環境に馴染もうと必死な時には難しいものですが、究極の選択を迫られる場面では、いつでも自分の感覚を信じるほかないということを思い出させます。

押せば下る、
さらに押せば下る。
だが、進退極まったと
見えた瞬間には、
あざやかに身を開き、
構えの位置が
逆になっておる。
こちらからは仕掛けずに、
どこまでも柳に風（略）。

『上意討ち　拝領妻始末』
監督：小林正樹（1967年）

江戸時代のこと、藩士の笹原に無理難題が押しつけられます。藩主の"御側妾"お市を息子の嫁に取れというのです。どうにか避けようと苦慮しますが、その際の笹原の姿勢を、彼の剣のスタイルにたとえた同僚の浅野の言葉がこれ。たしかに、組織の中での理不尽な要求には正面切って立ち向かわず、ひたすら下がり続けるのが有効ということもあることを思い出させます。年末に向けてラストスパートがかかるこの時期、いろんなものを背負い込みすぎないように。

ワインは、
味が変わり続けるところが好き。
同じボトルでも、
今日開けるのと
別の日に開けるのとでは、
味が違うでしょう。
人生とまったく同じなのよ。
ワインはずっと成長し続ける。
時間が経つにつれて深みが増して、
複雑な味になっていく。
どんどんおいしくなっていくんだから。

『サイドウェイ』

監督：アレクサンダー・ペイン(2004年)

ワイン通のマイルスは小説を書いていますが、なかなか売れません。俳優をしている親友ジャックのキャリアは、何年も前から下り坂。夢を追いかける若者でいるつもりが、いつの間にか中年期に入っていたのです。そんな2人は、ジャックの結婚を機に、カリフォルニアのワイナリーを巡る旅に出ます。このセリフは、マイルスが思いを寄せる女性マヤの言葉。彼女は、ワインがここまでやってくるまでに出会ったすべてのものを思い浮かべるのが好き、とも話します。

「弱いからこそ、

強くなれるのかもしれない。

そう考えたことはあるかい？

いろんなことに気づくためには、

まず自分を理解しなくちゃいけないからね」

「どうやったら自分のことを理解できる？」

「自我を捨てるんだ」

『ドント・ウォーリー』

監督・脚本：ガス・ヴァン・サント（2018年）

"政治的に正しくない"作品で知られるコミック作家、ジョン・
キャラハンの伝記を基にした映画。若き日のジョンは重度
のアルコール依存症で、自動車事故で四肢麻痺になっても
なお断酒できませんでした。それでも、ドニーの主催する依
存症患者の集まりに出席し、回復に向かい始めます。これ
は彼とのやりとり。この後、自分自身が凝り固めていた世界
の見方を突き崩し、周囲の人々と自分を許せるようになって
いきます。年末に向けて視点を転換するためこの時期に。

国境が
人を狂わせる。
境界線がな。

『こうのとり、たちずさんで』

監督：テオ・アンゲロプロス（1991年）

ギリシャ北部にある、4つの国境が接する町。そこに、アレクサンドロスとテレビ番組の撮影クルーたちがやって来ます。町外れには"待合室"と呼ばれる区画があり、国境を越えてきた難民たちが滞在許可を待ちながら暮らしています。国境警備隊を率いる大佐は、アレクサンドロスを案内しながら、国境の現実を饒舌に話します。これはそのセリフの1つ。国際連合の発足した国連の日に。国連は国境の存在を前提としていますが、国境について考えさせてはくれます。

あかん。明日考えよ。
ほんならまた元気が出る。
明日はまた明日の太陽が
ピカピカやねん。

『じゃりン子チエ』

監督：高畑勲(1981年)

小学5年のチエは、大阪の下町にあるホルモン焼き屋をひ
とりで切り盛りしています。父は、腕っぷしの強さと娘への
愛情以外は、なにもかもダメなテツ。家を出た母のヨシ江と
会うことがチエのいちばんの楽しみですが、遊んだ後、別れ
て家に帰る時には気分が沈みます。そんな時自分に言い聞
かせるのがこの言葉。『風と共に去りぬ』の名セリフを、自分
で編み出しています。イヤなことは後回しにするのも、りっ
ぱな知恵。木々の色づく時期に早くも春を思いながら。

この命は
自分だけのものじゃない。
他者につながり、
過去と未来に
つながっている。
一つひとつの罪が、
一つひとつのやさしさが、
我々の未来を形づくる。

『クラウド アトラス』

監督：ウォシャウスキー姉妹＋トム・ティクヴァ（2012年）

19世紀半ばから遙か未来の物語までが語られ、主要な登場人物については、各時代毎に同じ俳優が演じています。善人の時も悪人の時もあります。自由を求めて非業の死を遂げたり、名曲を生んで自殺したりする人物もいれば、不正を暴くことに成功したり、自由を獲得して人生を謳歌する人物も出てきます。このセリフは2144年のソウルに生きる"複製種"ソンミ451の言葉ですが、ここにこの映画の物語とテーマが集約されています。

夢を追いかける力──
それは人間にしかない
すばらしい才能なんだよ。
きみ以外の機械には、
いまだかつて
できなかったことだ。

『A.I.』

監督：スティーヴン・スピルバーグ（2001 年）

故スタンリー・キューブリックによって企画され、スピルバー
グが引き継いだ SF 作品です。人間の母を愛するようプログ
ラムされた少年型ロボットのデイヴィッドは、人間の身勝手
な事情によって捨てられます。そこから、愛を求め続ける彼
の旅が続き、それは 2000 年後、人類が滅んだ後についに
成就するのです。これは、デイヴィッドを開発し、彼の行動
を観察していたホビー教授の言葉。末期にある人類文明を
描くこの作品は、晩秋にふさわしく感じられます。

いい物語を知っていて、
それを聞いてくれる
人さえいれば、
人生はまだまだ
捨てたもんじゃない。

『海の上のピアニスト』
監督・脚本：ジュゼッペ・トルナトーレ(1998年)

ある豪華客船には、「誰も聴いたことがない神の音楽」を
奏でるピアニストがいるという噂が広がります。「1900」と
呼ばれるその男は、その船で生まれて以来一度も降りたこ
とがないのです。心を惹かれた女性の存在も、彼を下船さ
せません。物語は、かつて共に演奏したトランペット吹き、
マックスの語る回想として展開されます。その時に前置きと
して1900の言葉を引いたのが、このセリフ。「問題はこの物
語を誰も信じてくれないこと」とマックスは続けます。

大変、大変、って
言うけど、
一生懸命やってる
仕事なら
大変でない仕事なんて
ないでしょ？

『おもひでぽろぽろ』

監督・脚本：高畑勲（1991年）

1982年、27歳のタエ子が休暇を使って山形へ。親戚の家に泊まりながら農家の仕事を手伝うのはこれで2度目ですが、今の生活に限界を感じているのか、幼かった1966年ごろの記憶がぽろぽろとよみがえってきます。農家の生活を体験し、純粋な敬意を持って漏らした言葉に対して応えた、地元の青年トシオのセリフがこれ。彼もまた、サラリーマンから有機栽培農家に転身した人間でした。当たり前のようですが、じんわりと胸に染みます。高畑監督の誕生日に。

「あんた、変わってる」

「ごめん」

「ううん。ほめ言葉よ」

『ドニー・ダーコ』

監督・脚本：リチャード・ケリー（2001年）

レーガン政権末期の重苦しい空気に覆われた1988年10月2日、高校生のドニーは、夢か現実かあるいは幻覚かもしれない着ぐるみのウサギ、フランクに出会い、今から28日6時間42分12秒後に世界は滅びる、と告げられます。このやりとりは、転校生グレチェンとの間で交わされるもの。彼女は、逃走中の虐待父から逃れるために、母と共に身分を変えて生活していました。狂った世界においては、"変わってる"方が正常というわけです。

勇気がくじけ、友を見捨て、

すべての絆を断ち切る日が

来るかもしれない。

だがそれは、今日ではない。

魔狼（まろう）の時代が訪れ、盾が砕かれ、

人の世界が終わりを迎える時もあるだろう。

だがそれは、今日ではない。

今日、我々は戦う！

かけがえのない

すべてのものにかけて、

ここに踏みとどまり戦うのだ！

『ロード・オブ・ザ・リング／王の帰還』
監督：ピーター・ジャクソン（2003 年）

映画の力によって心を揺り動かされる時、その力の危険さをも感じさせられることがあります。旅の仲間の1人であるアラゴルンが、最後の決戦に臨む味方の軍勢を奮い立たせるために言葉を投げかけるという、このセリフのシーンもそうです。映像と音楽と言葉の力によって、スクリーンに向かう我々の血も急激に沸き上がります。現実世界で同じ言葉を投げかけられたら、どのくらい効くのだろうとふと考えます。ハロウィンの今日はジャクソン監督の誕生日です。

11

月

みんな魔法のような方法を見つけて、
自分を向上させたいと思ってる。
でもそれも悪いことじゃない。
勝手なことを考えながら、
それが人間らしさってやつだ。
いろんなことに挑戦して、希望を抱く。
ただし、人生に正解があると
思っちゃだめだぞ。そんなものはない。
大切なのは、正解がないまま
生きていくってことなんだ。

『サムサッカー』

監督・脚本：マイク・ミルズ（2005年）

ジャスティンは、17歳になっても親指しゃぶりがやめられません。かかりつけの歯列矯正医ペリーに、催眠術で指しゃぶりを止めてもらうのですが、今度は精神のバランスが本格的に崩れ、精神刺激薬を服用することに。その薬のせいで異常なまでに活動的になってしまいます。このセリフは、ペリーのもの。そもそも指しゃぶりなど問題でもないのに、"解決"した（つもりになった）自分が悪かったと謝るのです。気づくと今年もあと2カ月という、少し焦るこの時期に。

一つひとつの作業は小さくても、きちんとこなしていけば、大きな違いが生まれるのです。

『ビー・ムービー』

監督：スティーヴ・ヒックナー＋サイモン・J・スミス（2007年）

大学を卒業したてのミツバチ、バリーが主人公のアニメーション映画です。一生ハチミツ作りを続けるのがイヤで、巣の外へと飛び出します。そして、たまたま人間のヴァネッサと知り合い友だちになりますが、同時に、人間がハチミツを盗み続けてきたことも知ってしまうのです。バリーは、人間を訴えることに決めます。このセリフは、新米を工場見学に引率する案内係のものですが、図らずも、バリー自身がこの言葉が真実であることを証明することになるわけです。

誰に命じられたわけでもないのに、
お父さんたちは
家族を守ると決めたんだよ。
きみたちを愛しているからだし、
自分で選んだ人生だからだ。
おれにはそんな勇気はなかった。
畑を耕し、ロバのように毎日働いても、
明日の保証はないんだからな。
それこそ、
ほんものの勇気というものだ。

『荒野の七人』

監督：ジョン・スタージェス(1960年)

黒澤明の『七人の侍』をリメイクしたもの。舞台は、西部開
拓時代のメキシコで、村人たちは国境を北側に越えたところ
でガンマンたちを雇い入れます。このセリフは、無愛想だが
心の温かい、メキシコとアイルランドの血が混ざっていると
いう設定のベルナルドのもの。チャールズ・ブロンソンが演
じました。盗賊団の復讐を恐れてガンマンたちを裏切った
村の大人たちを蔑む子どもたちに、話して聞かせた言葉です。
ブロンソンの誕生日に。

"彼ら"のせいで、

私たちは自分にも他人にも

無関心になってしまった。

考えるのは、自分の利益ばかり。

私たちを目覚めさせず、

利己主義にこり固まったまま、

無感覚の状態に保つ。

そうすれば、

存在がバレることもない。

それが、"彼ら"の

生き残り戦術なのです。

『ゼイリブ』

監督：ジョン・カーペンター (1988年)

アメリカ社会を風刺するこの映画の冒頭、主人公のネイダは、テレビの海賊放送で流れる演説を目にします。その一部がこれ。やがて彼は1箱のサングラスを見つけます。そしてそれをかけると、人間と入れ替わることで社会を牛耳ろうとしている、エイリアン＝"彼ら"の姿が見えるようになるのです。現実にはこれほど単純な構造ではないとは言え、社会への違和感をこういう風にハッキリした言葉にしてもらうと少しすっきりしませんか？

この仕事に
命をかけている。
人にはこんなことしか
できんのだ。

『機動戦士ガンダムⅡ 哀・戦士編』
総監督：富野喜幸（現：由悠季）(1981年)

植民地と宗主国の戦争を、地球とスペース・コロニーに移して描くこの物語では、思春期のナルシシズムから人類への絶望（と希望）まで、ありとあらゆるテーマが描かれ、カッコいいセリフの宝庫でもあります。このセリフは、主人公たちの乗る宇宙船を修理し、戦える状態にする責任を負っているウッディ大尉の言葉です。己は凡人であると正しく認識し、それでも（だからこそ）能力の限りを尽くすのだという彼の姿には、今でも心がアツくなります。富野監督の誕生日に。

第二次世界大戦を
ひとりで勝ったような顔をするなら、
きみがどこで戦ったのか
はっきりさせようじゃないか。
撮影スタジオで、メークをしたまま
空砲を撃ってたんじゃないのか。
それから、
これからわたしを殴るのなら、
先にメガネをはずしておきたい。

『トランボ ハリウッドに最も嫌われた男』
監督：ジェイ・ローチ（2015年）

ダルトン・トランボは売れっ子の脚本家でしたが、1950年代のアメリカに吹き荒れた"赤狩り"によって業界から追放され、本名での仕事ができなくなってしまいます。共産党員だったトランボが信念を守り抜き、非米活動委員会への協力を拒んだためです。このセリフは、赤狩りの急先鋒だった俳優のジョン・ウェインに向けられた言葉です。言葉によって真実を投げつけながら、殴られることを前提にメガネをはずしたいと言うのが言葉の人らしく、痺れます。

俺たちは歴史の真ん中っ子だ。

目的も居場所もなく生きている。

世界大戦も大恐慌もない。

俺たちの世界大戦は、精神の戦いだ。

俺たちの人生が、大恐慌だ。

俺たちはテレビに刷り込まれてきた。

いつかは、億万長者になれる。

映画スターにも

ロックスターにもなれるってな。

だが、そんなものには
決してなれやしない。
少しずつ、やっと、
その現実がわかってきたところだ。
だから俺たちは、
腹の底から怒ってる。

『ファイト・クラブ』
監督：デイヴィッド・フィンチャー（1999年）

"僕"の家にはおしゃれな家具やブランドものが揃っています。でも強烈な不眠症が治りません。ところがある日爆発事故で自宅を失い、その晩からタイラーとのつきあいが始まります。少し前に出張中の機内で知り合った彼は、参加者が1対1で殴り合う"ファイト・クラブ"を組織していました。"僕"も半信半疑で参加してみると、不眠症は治り生きる活力も蘇ります。このセリフは、"クラブ"参加者を焚きつけるタイラーの言葉。残りあと2カ月を切った今年に、活を。

なにをするにしても、
自分のすることを
愛するんだ。
子どもの頃、
パラダイス座の
小さな映写室を
愛したようにな。

『ニュー・シネマ・パラダイス』

監督・脚本：ジュゼッペ・トルナトーレ（1988年）

子どもの頃から映画を愛し、村の映画館「新パラダイス座」で映写技師として働きながら家計を支えてきたトト。親友であり映画への手ほどきをしたアルフレードは、トトの人生がこの小さな村で終わってはいけないと考え、街へ出て自分の運命を探求しろと厳しく背中を押します。決して戻ってきてはいけないだけでなく、思い出してもいけない、と。これは、その別れの時のアルフレードの言葉。子役のトトを演じたサルヴァトーレ・カシオの誕生日に。

夜の心地よさに、
身をゆだねてはいけない。
老いた者は、日の終わりに
燃え上がり、荒れ狂え。
怒（いか）れ。消えゆく陽の光に
怒るのだ。

『インターステラー』

監督：クリストファー・ノーラン（2014年）

滅びかけている人類を生き延びさせるため、廃止されたは
ずのNASAの中で移住プロジェクトを進めていたブランド
教授が、好んで口にするこの詩は、ウェールズの詩人ディラ
ン・マーレイス・トマスによって書かれたものです。ほかに
もいろんな映画や音楽で引用される作品ですが、ここでは
とてもわかりやすく使われていて、教授の覚悟とも人類の宣
言とも響きます。1年の終わりに向けて、この時期にはこん
な言葉で気持ちを奮い立たせたくなるようです。

忘れようとしても、どうしても忘れられなかった。意志の問題じゃないんだ。

『老人と犬(Red)』

監督：トリグヴェ・アリスター・ディーゼン＋ラッキー・マッキー（2008年）

孤独な老人エイヴが愛犬レッドと共に釣りに出かけ、少年たちに遭遇します。彼らはショットガンでエイヴを脅しますが、所持金がわずかと知りレッドを射殺。彼らの親は非常識な人間で聞く耳を持たず、新聞に訴えても効果はありません。これはすべてが終わった後のエイヴの言葉。ささいなことであってもどうしても引っかかることは、ストレートに対処した方が、結果はどうあれ気持ちの整理はつく。そんなことが往々にしてあります。原作者ジャック・ケッチャムの誕生日に。

ステージの上では、
どんな時でも
軽く、明るく
陽気（ゲイ）に！

『プロデューサーズ』

監督：スーザン・ストローマン（2005年）

ブロードウェイ・プロデューサーのマックスと会計士のレオ。
2人は、わざと大コケのミュージカル公演を打って、出資金
をいただこうと共謀します。そこで、大コケ間違いなしな脚
本『ヒトラーの春』を選び、ゲイの演出家ロジャーに打診。
重く暗いテーマはあたらないと渋るロジャー。その時のセリ
フがこれ。でも、彼の言うとおり"ゲイ"テイストを加えたお
かげで、作品は意外な大ヒットとなってしまいます。1年も
残りわずかのこの時期、たまには空元気もいいかも。

恐怖を感じないのが勇気ではない。

この世には、恐怖より大切なものが存在する。

そう判断する方が、勇気のいることだ。

勇者は長生きしないが、

臆病すぎては生きている意味がない。

これからきみは、

こんな人間だと思い描いている自分の姿と、

なれるかもしれない自分の姿の間を、

旅することになるだろう。

いちばん重要なのは、

きみ自身がその旅をすることだ。

『プリティ・プリンセス』

監督：ゲイリー・マーシャル（2001年）

サンフランシスコで母と共に暮らすミアは、とても地味な女子高校生。でも母は画家で、生活は自由で楽しいものでした。ところがある日、亡き父親がヨーロッパの小国の王子だったことを知らされ、王位継承者としての教育に投げ込まれます。その課程で、ミアは驚くほど美しく変身します。でも、結局のところ自分の進むべき道を見失い、一人逃げ出すことに。この言葉は、亡き父がかつてミアに向けて書いた言葉の一部です。主演アン・ハサウェイの誕生日に。

やられっぱなしじゃ
ダメだよ。
がんばらなきゃ。

『サンドラの週末』

監督・脚本：ジャン＝ピエール＆リュック・ダルデンヌ（2014年）

鬱病で休職していたサンドラは、職場復帰の日に解雇されます。これを覆す唯一の方法は、過半数の同僚から復職への賛成票を集めること。病み上がりの背中を押すには、きわめて繊細な判断が必要です。でも夫マニュはあえて断固として、でも優しく妻を押します。同僚たちを自分で説得すべきだと言うのです。その言葉がこれ。勇気をもって妻の心を思いやる姿勢には深い愛情が感じられます。今年も残り2カ月を切ったこの時期にこそ、自分に投げかけたい言葉。

わたしたち、
すごくがんばったね。
いい気分。

『サンドラの週末』

監督・脚本：ジャン＝ピエール＆リュック・ダルデンヌ（2014年）

『サンドラの週末』から、対になる言葉をもう1本。復職する
ため、週末の間に同僚たちの家を訪ねるサンドラですが、み
んな話を聞けば聞くほど、善意や悪意とは関係のないそれ
ぞれの生活が見えてきて、自分の厳しい事情を訴えづらく
なっていきます。ただ、中には彼女の姿を見て暴力的になる
者もいますが、恩返しのため絶対に支持すると言う者も現
れるのです。これは戦いの後の彼女のセリフ。年が終わる
頃にはこういう言葉を呟きたいと、気持ちが新たになります。

ほんとうは
どんな人間なのか。
それを決めるのは、
能力ではない。
どういう選択を
積み重ねていくかだ。

『ハリー・ポッターと秘密の部屋』

監督：クリス・コロンバス（2002年）

シリーズの第2作目から、ダンブルドア校長のセリフです。ハリーには、能力の上で、たしかに闇の魔法使いヴォルデモート卿との共通点があります。それでも、ヴォルデモートとはまったく違う。その差異をもたらすのが、選択の積み重ねだと説くのです。ちなみに『ホーム・アローン』の監督でもあるコロンバスは、主演したマコーレー・カルキンの人生を台無しにしたと感じ、その反省からこのシリーズでは子役たちの学業などを最優先するよう配慮したそうです。

バカヤロウ、おれはまだくたばっちゃいないぞ。

『パピヨン』

監督：フランクリン・J・シャフナー（1973年）

南米にあるフランス領ギアナに存在した徒刑場に、無期懲役囚として1931年に送りこまれた人物、アンリ・シャリエールの手記を原作とした映画。パピヨンことシャリエールはくり返し脱出を試み続け、最終的には1944年に成功します。このセリフは、徒刑場で友情に結ばれることになったルイに別れを告げ、命を賭けたきわめて危険な脱出行に身を投じた後の言葉です。手記が刊行され大ベストセラーになったのは、1969年のことでした。シャリエールの誕生日に。

おれはな、
友だちは顔つきで選び、
敵は頭の良さで選ぶんだ。

『ニュー・シネマ・パラダイス』

監督・脚本：ジュゼッペ・トルナトーレ（1988年）

第二次世界大戦直後、シチリア島の小さな村に、少年トトが住んでいます。村には一軒だけ映画館があって、映画に魅せられたトトは、映写技師アルフレードに何度叱られても映写室に忍び込むのです。このセリフは、「友だちになろう」と言うトトに、アルフレードがちょっとふざけて答えたもの。オスカー・ワイルドの小説『ドリアン・グレイの肖像』に出てくる快楽主義者ハリーの言葉の部分引用です。「知り合いは性格の良さで選ぶ」という一文が省略されています。

「この人、何しゃべってるの？」

「フランス語さ。

話すのはフランス語だけなんだ」

「フランス語わかるの？」

「いいや。ひと言もわからん」

「なのに親友？」

「ああ」

『ゴースト・ドッグ』

監督・脚本：ジム・ジャームッシュ（1999年）

『葉隠』を座右の書とし、武士道を探求するNYのヒットマン、ゴースト・ドッグ（『羅生門』を愛読）。彼は誰にとっても謎の存在ですが、親友がいます。それが、公園で会うアイスクリーム売りのレイモンで、英語をまったく使えません。少女パーリーンとも同じ公園で出会い、親しくなっていきます。これは、彼女とのやりとり。言葉を介さなくても、あるいは介さないからこそ親しい、という関係の気持ちよさを教えてくれます。葉の裏に姿が隠れそうになる、紅葉の季節に。

まったくおまえらときたら、こんなところイヤだとか文句たれてるだけじゃねえか。ほんとは出てく勇気がないだけなんだろ？

自分たちをなんだと思ってんだよ。頭がイカれてると思ってんのか？おまえらはまともだよ！

イカれ具合で言えば、外を歩いてるアホどもとまったく変わらないってことさ。わかったか。

『カッコーの巣の上で』
監督：ミロス・フォアマン（1975年）

サイケデリックな色のバスで全米を巡るヒッピーたちを率いた60年代のスター作家、ケン・キージーの小説を映画化した作品です。主人公のマクマーフィーは、刑務所から逃れるために、病を偽って精神病院に入ります。そこでは医療の名の下、患者の人間性が抑圧され、本人たちもまたそのことに気づくことなく毎日を過ごしていました。そんな病院に我慢ならないマクマーフィーはことあるごとに反抗し、秩序を攪乱し、患者たちの心に火をつけようとします。

「言葉は重要です」

「なぜ言葉が重要なの？」

「言いたいことをきちんと言えなければ、自分の言葉に責任を持つことなどできません。紳士たるもの、自分の言葉には責任を持たねばならないのです」

『ラストエンペラー』

監督：ベルナルド・ベルトルッチ（1987年）

清朝最後の皇帝となった、愛新覚羅溥儀。西欧列強や日本の侵出によって滅亡の危機に瀕しているとはいえ、大清帝国の皇帝だった男がその地位を失い、日本の操り人形として満州国皇帝となり、最終的には老いた一市民としてこの世を去るまでを描きます。このやりとりは、皇帝時代に家庭教師を務めた英国人レジナルド・ジョンストンとの間で交わされたもの。"世界一孤独な少年"溥儀にとって、言葉こそ自分を閉じ込める壁を越えるための最初の道具だったはずです。

アインシュタインは二回も落第したのよ。
ルーズヴェルトはクラスの最下位だった。
ベートーヴェンは耳が聞こえなかったし、
ヘレン・ケラーは目が見えなかった。
ロッキーにだって
チャンスはあるはず。

『ロッキー』

監督：ジョン・G・アヴィルドセン(1976年)

トレーナーからも見放された負け犬ボクサーとして、底辺の仕事で日銭を稼ぐ日々を送っているロッキー。その彼が、いわばおもしろおかしい企画試合として、突如、世界チャンピオンのアポロと対戦させられることになります。勝てると思う人間はいません。でも本人はやがて、万が一最終ラウンドまで立っていられたら、ただのゴロツキじゃないと証明できるかも、と考え始めます。そして彼が思いを寄せるエイドリアンも、このセリフを口にするのです。

あなたは
完璧な人間
じゃないから強い。
疑いを抱えているから
賢いの。

『ウィンストン・チャーチル／ヒトラーから世界を救った男』
監督：ジョー・ライト（2017年）

ウィンストン・チャーチルといえばあの風貌も相まって、決
然と第二次世界大戦に足を踏み入れ、ナチス・ドイツを敗
北させた首相というイメージしかありません。ところが、こ
の作品で描かれるチャーチルは、どこまでもためらい続け
ます。その時点ではまだ、ナチス・ドイツとの講和という選
択肢もあり、とにかく戦争に突入しても勝てる保証はなかっ
たのです。そんな彼にかけた、妻クレメンティーンの言葉が
これです。

世界を見る。
危険に近づいてみる。
壁の向こう側をのぞき、
どんどん距離を縮め、
互いを知り合い、
いろんなものを感じる。
それが人生の目的だ。

『LIFE! ／ライフ』

監督：ベン・スティラー（2013年）

2000年まで存在していた伝説のグラフ誌『LIFE』。この映画の主人公は『LIFE』誌のスタッフ、ただしネガを管理する部署で働きながら地味な毎日を過ごしているウォルターです。ところが突然、雑誌の廃刊を知らされます。しかも、最終号の表紙用に撮られたフィルムが見あたりません。一刻も早くカメラマンをつかまえなければ！ そこから現実世界での冒険が始まるのです。この言葉は、『LIFE』誌に携わる者全員に共有されているモットーとして登場します。創刊の日に。

「許して くれるかい?」「許すよ。忘れるのはむりだけど」

『アンダーグラウンド』

監督：エミール・クストリッツァ（1995 年）

第二次世界大戦から冷戦期を経て内戦にいたるユーゴスラビアの歴史を描いた映画です。それは爆撃と拷問と裏切りと殺戮と嘘のどんちゃん騒ぎ、つまりは戦争の歴史なのですが、映画のラスト・シーンでは、死も生も超えた場所で登場人物たちが一堂に会し、結婚式が行われます。そこで交わされる、かつて殺し合った者同士のやりとりが、これ。そこまでの長い長い物語につきあってきた観客の目頭が、グッと熱くなる瞬間です。クストリッツァ監督の誕生日に。

年齢なんて関係ないさ。

20年生きてきても

子どものままみたいな人もいれば、

りっぱな人生経験を積んでくる人もいる。

肝心なのは年齢じゃなくて、

どういう生き方をしてきたかってこと。

どんなワインを飲んで、

どんな音楽を聴いて、

どんな女性と出会ってきたかってことだよ。

『ショウほど素敵な商売はない』

監督：ウォルター・ラング(1954年)

芸人のドナヒュー一家として、成功を収めている家族のお話
です。両親は毎日がそのまま続くことを望んでいますが、あ
る日長男のスティーヴは神学校へと旅立ちます。次男のティ
ムは遊び人で脳天気なようですが、歌手を目指すヴィッキー
と出会ったことから未成熟さを露呈するように。このセリフ
は、のんきだった頃のティムが、おどけて口にする紋切り型。
自分自身に欠けているのが、まさに人生の積み重ねである
ことに気づいていなかったのです。秋が底をつく時期に。

「わたしのこと見すぎ」
「鏡に写る
女の人が好きなんだ」
「便利よね」
「目の栄養さ。
夜見る夢のためには、
必要なんだ」

『汚れた血』
監督・脚本：レオス・カラックス（1986年）

カラックスが20代半ばにして撮った長編2作目です。近未来、愛なきセックスによって感染する謎の病、年老いたギャング、その愛人である若い娘アンナ、死んだ父の仲間である老ギャングによって"仕事"に誘い込まれる青年アレックス。アレックスは、アンナに恋をします。でもアンナは彼の方を向きません。それでもアレックスの視線は、彼女の方だけを向いているわけです。作品全体が、"目の栄養"みたいな映画でした。

バカはなんでも
やるからな。
そのせいで
バカだとバレる。

『ハジキを持ったおじさんたち』
監督：ジョルジュ・ロートネル（1963年）

死の床にあるマフィアのボスが友人フェルナンを呼び出し、
やり残した仕事の後片づけと結婚を控えている娘パトリシ
アを託します。フェルナンもまた元ギャングなのです。とこ
ろが古参ギャングの1人がそれに異議を唱え、フェルナンを
つけ狙います。その上パトリシアにも振り回され……という
コメディ映画です。という内容とはほとんど関係なく、フラ
ンス人の間で有名なのが、このセリフ。少し“バカ”をうらや
む気持ちもこもっているのではないかと思ってしまいます。

やがて、何もかもうまくいかない瞬間がやってくる。

すべて失敗し、これでおしまいだ、もう死ぬ、って思う瞬間がね。

その時できることは二つ。

その状況を受けいれるか、手を動かし始めるか。それだけなのさ。

動き始める。計算をして問題を解く……

そしたら次の問題を解き、それからまた次を解いていく。

充分な数の問題を解き終えてみると、家に帰り着いている。そういうこと。

『オデッセイ』

監督：リドリー・スコット（2015年）

2035年、マーク・ワトニーは有人探査計画のメンバーとして火星にいます。ところが猛烈な砂嵐に襲われ、たった1人、わずかな装備と共に残されてしまうのです。次のミッションがやって来るまでの4年間を、生き延びなければなりません。マークは植物学者としての知識を最大限に活用し、生存のためのシステム構築に取りかかります。これは、帰還後の彼の言葉です。なお今日は、1964年に火星探査機マリナー4号が打ち上げられたことに由来する火星の日です。

未来のことはわからない。

だから私たちは、

確信のないまま決断を下すことになる。

人は智慧を持つがゆえに、

二つの矛盾するものを

抱えて生きているんだ。

希望と絶望だ。

絶望のない人生には、希望もない。

心の中にあるこの二つと

つきあっていくことこそ、

人生なんだ。

『魂のゆくえ』

監督・脚本：ポール・シュレイダー（2018）

小さな教会に勤める牧師のトラーは、元従軍牧師です。イラクで戦死した息子がいて、その死の痛手から立ち直っていません。家族の伝統を守ろうと、息子に志願を勧めた自分を許すことができないのです。そこへ、過激な環境保護活動家のマイケルが姿を現します。環境を守れない人類に絶望し、妻には堕胎させようと考えています。そのマイケルへの、トラーの言葉がこれです。トラー自身のすがっている言葉でもあります。本格的に寒くなり、小さく絶望する時期に。

成功すれば
いいというものではない。
失敗したら終わりでもない。
肝心なのは、続ける勇気だ。

『ウィンストン・チャーチル／ヒトラーから世界を救った男』
監督：ジョー・ライト（2017年）

映画の最後、庶民院でのチャーチルの演説は、大喝采の反
応を引き出します。イギリスは、ドイツとの戦いを選択した
のです。迷い続けていたチャーチルでしたが、この演説が成
功した後、「自分の考えすら変えられない人間に、変えられ
るものはなにもない」と話します。映画の最後に字幕として
掲げられるこの「成功すれば〜」という言葉とは矛盾するよ
うですが、2つの言葉は併せのむ時にこそ、いちばんよく効
くような気がします。チャーチルの誕生日に。

12

月

「ぼくって、映画作りなんかやめてもっと意味あることをするべきなんじゃないかな。目の見えない人を助けたり、宣教師になったりとか」

「言っておくが、おまえは宣教師タイプじゃない。長続きするはずがないぞ。しかも、おまえはスーパーマンでもない。コメディアンのおまえが、人類に貢献する方法を教えてやろう。もっとおもしろいジョークをたくさん考えることだ」

『スターダスト・メモリー』
監督・脚本・主演：ウディ・アレン（1980年）

———

コメディばかり作ってきた監督が、もっとシリアスな映画を作りたいと思いつめます。でもまわりの人々は口々に、初期の笑える映画の方がいいと言います。得意な仕事と好きな仕事は必ずしも合致しません。好きな仕事で生計を立てられるという保証もありません。心からやりたい仕事とは？自分にはほんとうにそれをこなせるのか？　いろんなことを冷静に見つめなおさなければいけない瞬間は、どんな仕事人にもやってきます。ウディ・アレンの誕生日に。

傷を抱えた人は危険よ。自分は生き残れるって、わかってるから。

『ダメージ』

監督：ルイ・マル（1992年）

スティーヴンは英国の下院議員で、すべてに恵まれた生活を送っていますが、あるパーティーで若い女性アンナと出会います。抗いがたくアンナに引きよせられていきますが、彼女は息子の恋人であることが判明します。そこから深い泥沼にはまっていくわけです。このセリフはある暗い過去を抱えるアンナの言葉。映画においては忌まわしい響きを持ちますが、不思議な力も持っているようです。危機を経験すると強くなれるという意味にも聞こえるからでしょうか。

きみを邪魔してるのは
きみ自身だ。
そろそろそんなもの捨てて、
我を忘れてみろ。

『ブラック・スワン』

監督：ダーレン・アロノフスキー（2010 年）

どんなに悪ぶっても生真面目さが全面に滲み出る。それは、技術で糊塗できるものではない。官能を象徴する黒い白鳥を表現しようと必死なニナは、そういう種類の人間です。殻を打ち破ろうとあらゆる悪徳に手を出すのですが、その姿勢そのものが絶望的なまでに生真面目。とうとう幻覚を見るまでに。このセリフは演出家トマのもので、ある種の芸術観を体現する紋切り型です。でもだからこそ、もしかしたら紋切り型を突き抜けた先には、と人を押す力があります。

ようく見てあげて初めて、
その人も精一杯やってるって
わかることがあるの。

『黄昏』

監督：マーク・ライデル（1981年）

関係の良くない父娘のノーマンとチェルシー。ある日チェル
シーは、婚約者の連れ子ビリーを両親の元に預け、旅行に
出かけます。予想に反してみるみる仲良くなるノーマンとビ
リー。ところがある日、ノーマンはビリーを理不尽に怒鳴り
つけてしまいます。体力も知力も衰えつつある自分に動揺
したのです。ノーマンの妻エセルが、そのことをビリーに説
明したのがこの言葉。父娘を演じるのは、長い間確執のつ
づいていた実際の親子ヘンリーとジェーン・フォンダです。

苦しい時期もある。
でもそういう時にこそ、
成長したり
人生を見直したり
できるんだ。

『グッド・ウィル・ハンティング／旅立ち』
監督：ガス・ヴァン・サント（1997年）

青年ウィルは、学歴はありませんが図抜けて優秀な頭脳を
持っています。その彼が、社会の中での幸せに向かって足を
踏み出すまでが描かれます。これは、ウィルを導く心理学博
士ショーンの言葉。主演のマット・デイモンは幼なじみのベ
ン・アフレックと共に脚本を書き、苦労して映画化にこぎ着
けました。自分たちが出演するという条件についても、妥協
しなかったのです。その時頭にあったのは、自分で脚本を書
き主演も務めた『ロッキー』のスタローンだったとか。

あなたの人生を、
誰よりもよくわかってるのは
あなた自身。
自分で生み出した
人生のレシピこそが、
いちばんのレシピなのよ。

『幸せのレシピ』

監督：スコット・ヒックス（2007年）

料理長のケイトは、スタッフにも自分にも厳しい完璧主義者。ところがある日、副料理長ニックが雇い入れられます。厨房を明るくする彼の仕事のスタイルはケイトとは正反対ですが、腕はたしか。ニックの存在を全否定したいのに、できないまま惹かれていく自分に気づきます。そして、"弱い自分"を許せないケイトの頭の中は混乱状態に陥るのです。このセリフは、「人生のレシピがほしい」というケイトに応えた、セラピストの言葉。1年を振り返り始めるこの時期に。

やったね！
これでまた、
まっとうな悪党と
いい仕事が
できるぜ。

『オーシャンズ11』

監督：スティーヴン・ソダーバーグ（2001年）

100％信頼できるプロたちが集結し、仕事が終わればまたそれぞれの生活に戻る。これほど気分の上がる状況はありません。その事実を思い出させてくれるこの映画では、プロの窃盗犯／詐欺師であるダニー・オーシャンが、ラスヴェガスにある難攻不落の金庫から現金を強奪する計画を立てます。そのために集めた信頼できるプロが、10人。このセリフは、爆破の専門家バシャーの言葉です。仲間に恵まれず苦労を重ねていた彼の気持ちが、痛いほど伝わってきます。

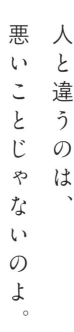

人と違うのは、悪いことじゃないのよ。

『ファンタスティック・フォー ［超能力ユニット］』
監督：ティム・ストーリー（2005年）

「ファンタスティック・フォー」は、身体がゴムのように伸び縮みしたり（リード）、透明人間になれたり（スー）、炎の塊になれたり（ジョニー）、岩のような頑丈さと力をもっていたり（ベン）と、特殊な身体を持つ人々の集まりです。そんな彼らを支える盲目の女性彫刻家アリシアが、自らの外見と運命を恨むベンをやさしく諭すために口にするのが、このセリフ。まったく当たり前のことですが、あえて年末に向けて慌ただしくなるこの時期にちょっと思い出しておくために。

今私たちは、先の見えない
不透明な世界で
生きています。
見わたすかぎりの影。
そこが
私たちの戦場なのです。

『007　スカイフォール』
監督：サム・メンデス（2012年）

007の上司、MI6の局長であるMのセリフ。公聴会の場で厳しい批判の矢面に立たされたMが、大臣たちに向けて秘密情報局の存在意義を訴える言葉の一部です。権力側の人間に言われると留保したくなりますが、たしかに今や正しい大義と悪の理屈の区別はつかず、右翼も左翼も保守も革新も、すべてが渾然としています。それは日常生活にも及んでいて、そこで生きることが戦いだとするなら、説得力のある言葉です。M役ジュディ・デンチの誕生日に。

自由とは、
2 + 2 = 4
と言える自由だ。
それが認められれば、
ほかのすべてが
認められる。

『1984』

監督・脚本：マイケル・ラドフォード（1984年）

"ビッグ・ブラザー"率いる"党"によって統治されている国、オセアニア。その国の街ロンドンに生活するウィンストンは、ノートに自分の考えを書きつけるという犯罪行為に手を染めます。この国では、個々人の生活のみならず思考の中にまで監視が及び、支配されているのです。この言葉はそのノートから。会社組織の論理に取り込まれ、自らの自由意志によって「2＋2＝4」と言わないことにする。これは、私たちの日常でも起こりうることです。世界人権デーに。

言葉は悪いが、
欲望は善だ。
欲望は正しい。
欲望は物事を動かす。
欲望はすべてを
明確にする。
核心に切り込んで、
発展の精神を
つかみ取るのだ。

『ウォール街』

監督：オリヴァー・ストーン（1987年）

貧しい家庭に生まれ、欲望だけをバネにのし上がった
ウォール街の成功者ゲッコーの、スピーチでの言葉です。こ
の姿勢こそがグローバル経済における諸悪の根源とも言え
るわけですが、現実世界にはたしかに、欲望がどこに向い
ているのかわからない人も。そういう人と仕事の現場で出会
うと、戸惑うことばかりではないでしょうか。そういう意味
では、欲望が明確にするものはあると言えそうです。そもそ
も、自分の欲望を直視するのにも勇気がいりますし。

近すぎて気づかなかったんだ。
答えは目の前にある。
とてもすっきり簡単なこと。
流れる音楽みたいに、
目には見えないけど
そこら中にある。
目に見えないから
信じられないなんてことない。

『ナイトメアー・ビフォア・クリスマス』

監督：ヘンリー・セリック（1993年）

ハロウィン・タウンの住民の仕事は、ハロウィンの夜に人を怖がらせること。でも王様のジャックは、毎年同じ仕事でげんなりしていました。ある日、ひょんなことからクリスマス・タウンの楽しい風景を目にして頭を抱え込みます。そして思いつきます。今年は自分たちがクリスマスを仕切ればいいのだ！ その場面でのセリフがこれ。この決断のせいで残念な結果を迎えるわけですが、こういう葛藤の連続こそ仕事。ジャックは今年も悩んでいるのかな、と思うこの時期に。

「俺たち、人生を無駄にしたと思うか？」

「そいつは見方によるね。（中略）

だが、どれだけの人間が

俺たちが行った場所にたどり着き……

目にしたものを見たと思う？」

「ほかにいるわけがない！」

「ああ。こうなった今でさえ、

総督にしてやると言われても断るね。

この思い出を捨てなきゃ

ならんのならな……」

『王になろうとした男』

監督：ジョン・ヒューストン(1975年)

19世紀末、インドから東に向かって出発した男たちがいました。元兵士のドレイボッドとカーネハンです。故国に帰っても人生はたかがしれている。ならば、前人未踏の土地で王になってやろうというのです。道は困難を極め、2人は死の危機に瀕しますが、これはその時のやりとり。その後経験することに比べれば序の口の段階で、もうこういう認識に到達しているのです。できれば、いつでもこう言える毎日を送りたいと感じさせられます。年末でもそうでなくても。

人には新しい経験が必要だ。
心の奥深くに潜むものを刺激して、
育てるためだ。
変化がなければ、
わたしたちの中で眠っているものが
目覚めることはほとんどない。
眠るものを起こさねばな。

『デューン／砂の惑星』

監督：デイヴィッド・リンチ（1984年）

レト・アトレイデス公爵の人望は厚く、その評判は帝国中に鳴り響いています。そのため皇帝の企てた陰謀により、特別な力を持つスパイスを産出する唯一の惑星、アラキスの監理を任されます。デューンとも呼ばれるその惑星において、彼を抹殺しようという狙いです。このセリフは、息子でありこの映画の主人公であるポールに向けられたもの。住み慣れた海の景色を離れ、砂漠の惑星へと移住するに際して、自分に言い聞かせるようにして口にされる言葉です。

男の人が溺れてたんだって。

そしたらボートがやってきて、

「大丈夫？」って訊くから

「神様が助けてくれます」って答えたの。

それから別のボートがやってきて

また助けてくれようとしたんだけど、

「神様が助けてくれます」って言いながら

溺れて死んじゃったんだって。

それで天国に着いた時、神様に

「どうして助けてくれなかったんですか？」

って聞いたら、

「ボートを二艘も送り込んだだろうが、

このバカもん！」って言われたんだってさ。

『幸せのちから』
監督：ガブリエレ・ムッチーノ（2006年）

仕事がうまくいかず、ホームレス生活をするところまで落ちた男クリス。この小話は、幼い息子のクリストファーが、父に語って聞かせたもの。苦境に陥り必死の父親に気をつかって笑える話をしたわけですが、もちろんクリスの方にそれを味わう余裕はありません。この話自体が、クリスにとってボートの一艘になっているということです。あれもこれも神様のボートに見え始めると危険ですが、後から考えるとそうだったのかもということはよくあります。

諸君、我々は今どん底にいる。
このままボコられっぱなしでもいい。
だが、ここから
死にもの狂いで闘い抜いて、
光の中に返り咲くこともできる。

『エニイ・ギブン・サンデー』

監督：オリヴァー・ストーン（1999年）

アル・パチーノ演じる猛烈コーチのトニーと、そのアメフト・チームの物語が、徹底的にリアルにアツく描かれます。金も野望も名声も、すべて桁外れの規模で関わってくる世界で、誰ひとり同じ方向を向いていません。正直なところ、ルールも知らず試合中継を見てもなにが面白いのかまったくわかりませんが、この映画で描かれる背景込みのアメフトには燃えます。このセリフは、もちろん進退窮まったところにいるチームに対して、コーチの飛ばす檄です。

私にできない
ことなどない。
この世に
できないことは
ないのだ！

『アビエイター』

監督：マーティン・スコセッシ（2004年）

実在した大富豪のハワード・ヒューズをモデルにした映画
です。ヒューズは映画製作と飛行機に取り憑かれていまし
た。晩年は強迫性障害と薬物依存症が悪化し、不潔恐怖の
あまりラスヴェガスのホテルの一室からほとんど一歩も出な
かったことでも知られています。そんな彼が、旺盛に活動し
ていた頃の言葉で、絵に描いたように横暴な経営者の言葉
です。でも自分にこう言い聞かせながら全力を尽くすのであ
れば、誰にも文句は言われないはずです。

希望はもろいけど、
しぶとく生き残る。
信じてさえいれば、
奇跡は起こせる。

『プリンス・オブ・エジプト』

監督：ブレンダ・チャップマン＋スティーヴ・ヒックナー＋サイモン・ウェルズ（1998年）

聖書に登場する「十戒」などで知られる人物、モーセが主人公。反乱を怖れたエジプトの王ファラオによって、奴隷であるヘブライ人の男子をすべて殺せとの命令が下されます。それで1人の母親が、我が子を守ろうと、籠に入れてナイル川に流します。その子が拾い上げられ、エジプト王子として成長したのがモーセです。彼はやがて、かつては兄として共に育ったラメセスのもとから、同胞を救うことになります。この言葉は、モーセの実の姉ミリアムの歌から。

自分に与えられた
時間の中で何をするか。
それだけを
決めればいいのだ。

『ロード・オブ・ザ・リング』

監督：ピーター・ジャクソン（2001年）

強大な力をもった指輪とともに、世界が闇の力にのみ込まれるかどうかを左右する任務を背負わされた、主人公のフロド。そんな運命の不条理を嘆く彼に対して応えた、魔法使いガンダルフの言葉がこれ。八方塞がりと感じられる状況に陥った時、自分にこの言葉を投げかけてみると、実は自分をがんじがらめに縛っているのは自分自身だということにも気づくかもしれません。もちろん、フロドの旅は、愚痴の1つも言いたくなるほどたいへんなものだと思いますが。

世界をきちんと
見わたしてみると、
実は愛にあふれてるん
じゃないかなって、
ひそかに考えてるんだ。

『ラブ・アクチュアリー』

監督・脚本：リチャード・カーティス（2003年）

クリスマスの5週間前から1カ月後までの時間を過ごす、様々な登場人物の恋の物語を見せます。この言葉は、英国首相のデイヴィッドのモノローグで、世界情勢を考えて落ち込んだ時には、空港の到着ゲートを思い出すことにしているという話から始まります。9.11でビルに激突していった飛行機に乗っていた人々が最後に送ったのも、愛のメッセージだったと。だからこの世界にみちているのは、憎しみと欲望ではないはずだと語るのです。人間の連帯国際デーに。

待っても、
欲しいものは
手に入らないわよ。
自分から動かなくちゃ。

『ワーキング・ガール』
監督：マイク・ニコルズ(1988 年)

1980 年代末の好景気に沸くウォール街が舞台。やる気は十分な主人公のテスですが、いくら熱心に働いても、有名大学を出ていないこと、そして女性であることが妨げとなって、なかなかうまくいきません。同性として、仲間であり先輩という意識を持っているように見えた女性上司のキャサリンにもまた、裏切られてしまいます。このセリフは、そのキャサリンがテスに与えるアドバイス。この言葉どおりに行動をして、のし上がってきたわけです。卑劣な行為も厭わずに。

今は、
とにかく
息をし続けることだ。
明日になれば
陽は昇るんだし、
次の潮流に乗って
何かが流れ着くかも
しれないじゃないか。

『キャスト・アウェイ』

監督：ロバート・ゼメキス（2000年）

飛行機が墜落し、たったひとり無人島で4年間を過ごすことになる男の物語。現代を舞台にした『ロビンソン・クルーソー』です。孤独と戦い、絶望にあらがい、生きるための智慧を毎日絞り出し、試行錯誤を続ける毎日。社会の中に生きていても、ひとつの環境の中で追い詰められると、無人島に流されたのと同じ精神状態になることもありませんか？そんな時に効きそうな言葉です。

そこそこで充分。最悪じゃなきゃいいよ。

『未来のミライ』

監督・脚本：細田守（2018年）

4歳のくんちゃんには、妹のミライちゃんが誕生しました。大人の注目が妹に集まり、くんちゃんは少し不満。そんな時、愛犬が人間になったり、未来のミライが姿を現したりと不思議なことが起こり始めます。フリーの建築家として家で働けるおとうさんは家事を担当し、おかあさんは仕事に戻るのですが、毎日がてんてこ舞い。ふと漏らしたおとうさんの不安に、おかあさんの応えた言葉がこれです。新年を迎えるのに気合いが入りすぎないよう、このくらいの時期に。

大事なのは
行き先じゃない。
列車に乗ろうと
決めた事だ。

『ポーラー・エクスプレス』

監督：ロバート・ゼメキス（2004年）

サンタクロースを信じられなくなってしまった少年が、北極
点を目指す汽車に乗り込みます。人生の岐路に見える魅力
的な選択肢がやってきた時、その選択をするとどうなるか、
と結果について考えがちです。でも、目をつぶって清水の舞
台から飛び降りるのではなく、あれやこれやと考え抜き、そ
れでも乗ろうと決める。その決断の難しさと大切さを指して
いるのだと受け取りました。「北極号」がやってくるのは、ク
リスマス・イヴの夜です。

１人ひとりの人生が、
ものすごく大勢の人生に
影響を与えている。
だから、１人が欠けただけで、
世界には埋められないほど
大きな穴が開くんだよ。

『素晴らしき哉、人生！』

監督：フランク・キャプラ（1946年）

見習い天使のクラレンスが、自殺しそうになっている男ジョージを救うという使命を与えられます。決して派手な成功や名声を手に入れたわけではありません。でも彼なりに誠実に生きてきたジョージでしたが、不運が重なりとうとう「生まれてこなければよかった」と思い詰めたのです。そこでクラレンスは、ジョージがほんとうに生まれていなかったとしたら世界はこんなに違っていた、という様子を見せます。その後のセリフがこれ。クリスマスの定番映画です。

あぁ生まれてきて良かったな、って
思うことが何べんかあるじゃない。
そのために人間生きてんじゃねえのか。
そのうちお前にも
そういう時が来るよ、な？
まぁ、がんばれ。

『男はつらいよ 寅次郎物語』
監督：山田洋次(1987年)

シリーズ39作目の今回、トラさんは秀吉という子どもの母
親を探す旅につきあうことに。かつて仲間だった男の息子で
す。手がかりを追って、大阪から和歌山、奈良、三重県伊勢
市へ。母親が見つかるまでには、宿の隣室の美女と親子ごっ
この幸せなひと時を過ごしたり。このセリフは、再び旅立
つ寅さんを見送りに来た甥の満男に投げかけたもの。例に
よって、何百回も耳にしてきた気がする言葉ですが、冬には、
また聞きたくなる夕方がやってくるようです。

ぜんぶわかったんだよ。
一見すると
イカれてるのに、
見方を変えると
そうじゃないってこと、
あるだろ？

『未知との遭遇』

監督・脚本：スティーヴン・スピルバーグ（1977年）

各地で、正体不明の発光体が出現するなど、不思議な現象が起こり始めます。電気技師のロイも、謎の飛行物体からの光を浴びてから、奇妙な衝動に駆り立てられるようになります。自分でも頭がおかしくなったのかもしれないと感じ、家族からは奇異の目で見られますが、ある時、そうしたことすべてに意味があることを知るのです。その時の、解放感と安堵感に充ちたロイのセリフがこれ。新年に備えて、新しい視点から物事を見直したいこの時期に。

「いこうぜ」
「いいとも」

『ワイルドバンチ』

監督：サム・ペキンパー（1969 年）

西部開拓時代の末期に生きる無法者の集団ワイルドバンチ。悪党ではありますが、自分なりの仕事の流儀を守っています。でもそのやり方は、変化する時代の中で通用しなくなってきていることを実感してもいます。やがて仲間が捕らわれます。奪還に動けば、敵の罠に陥ります。そういう状況下でのやりとりです。相手を完全に信頼して、たったひと言で誘いを受け止め、行動に移る。そんな仲間がいたら最高です。監督ペキンパーは、この日に世を去りました。

夢見るのはいい。
だが、
目はしっかり開けて
おくんだな。

『豹／ジャガー』

監督：セルジオ・コルブッチ（1968年）

ガンマンのコワルスキーは、革命軍を率いるパコに雇い入れられ、参謀として革命を主導することになります。そのおかげで革命軍は快進撃を続けますが、コワルスキーにとってはあくまで仕事。いつでも冷静な損得勘定を忘れません。このセリフは、紆余曲折のあと迎える映画のラストで、コワルスキーがパコに投げかけるもの。折しも進行中だった、60年代カウンター・カルチャーの渦中で、より良い社会を求める若者たちにかけられた言葉のようにも聞こえます。

人は自分の死期を知らない。

だから、人生は尽きせぬ泉のようなものだと

考えがちだ。

しかし、すべてはほんの限られた

回数しか起こらない。

子どもの頃のある午後を、

これからの人生であと何回思い返すだろう？

それが自分の人格を決定的に形づくるような

午後だったとしてもだ。

あと四、五回だろうか。

もしかしたら、もっと少ないかもしれない。

死ぬまでにあと何回、

満月が昇るのを見るだろう？

せいぜい二十回程度だろうか。

それなのに、

人は無限の機会があると思い込んでいる。

『シェルタリング・スカイ』
監督：ベルナルド・ベルトルッチ（1990年）

終わりを迎えつつある関係を、旅によってもう一度燃え立たせられるかもしれない。そんなぼんやりとした希望を抱きながら、キットとポート・モレスビー夫妻がアルジェリアに到着します。しかしサハラ砂漠を進めば進むほど、夫婦の関係はおろか、それぞれ人間としてのありようも変容を遂げていくことになるのです。このセリフは、原作者ポール・ボウルズ自身によるナレーションで、映画のラストに登場します。ボウルズの誕生日に。

答えのある問題なら、
悩む必要はありません。
答えのない悩みなら、
悩んでもムダです。

『セブン・イヤーズ・イン・チベット』
監督：ジャン＝ジャック・アノー（1997年）

オーストリア人登山家ハインリヒ・ハラーは、イギリス軍の
捕虜収容所を逃れてチベットの首都ラサに逃げ込み、少年
ダライ・ラマ14世の家庭教師となります。やがて、チベッ
トが中国に占領される日がやって来ます。ハインリヒは、共
に脱出しようとダライ・ラマを説得しますが受け入れられず、
むしろ息子の待つ故国へ帰るようにと諭されます。その時、
チベットの格言としてダライ・ラマが口にした言葉です。大
晦日にはこのくらい頭の中をスッキリさせたくなります。

索引

た

ま

や

ら

索引

出典

◆『アワーミュージック』劇場プログラム／シナリオ採録／字幕・寺尾次郎

◆『女渡世人　おたの申します』／笠原和夫／浪漫堂シナリオ文庫

◆『永遠と一日』、『こうのとり、たちずさんで』／『テオ・アンゲロプロス　シナリオ全集』所収
　／字幕・池澤夏樹／愛育社

◆『浮き雲』劇場プログラム／採録シナリオ／字幕・石田素子

◆『麦秋』／野田高梧、小津安二郎／浪漫堂シナリオ文庫

◆『人生に、寅さんを。』／キネマ旬報社

◆『生きる』／『全集　黒澤明』第三巻所収／岩波書店

◆『七人の侍』／『全集　黒澤明』第四巻所収／岩波書店

◆『風の吹くまま』劇場プログラム／採録シナリオ／字幕・石田素子

◆『花様年華』劇場プログラム／採録シナリオ／字幕・岡田壯平

◆『しとやかな獣』／新藤兼人／浪漫堂シナリオ文庫

◆『欲望の翼』劇場プログラム／シナリオ採録／字幕・林道偉

◆『偽れる偽装』／新藤兼人／浪漫堂シナリオ文庫

◆『エドワード・ヤンの恋愛時代』劇場プログラム／採録シナリオ／字幕・遠藤寿美子

◆『桜桃の味』劇場プログラム／採録シナリオ／字幕・齋藤敦子

◆『第七の封印／処女の泉／野いちご』劇場プログラム／採録シナリオ／翻訳・桜井文

◆『牯嶺街少年殺人事件』劇場プログラム(1998 年)／シナリオ採録／字幕・田村志津枝

◆『ミツバチのささやき／エル・スール』劇場プログラム／シナリオ採録／字幕・吉岡芳子

◆『寅さんのことば』／佐藤利明／中日新聞社

◆『コルチャック先生』劇場プログラム／採録シナリオ／翻訳・山崎剛太郎

◆『コロッサル・ユース』劇場プログラム／採録シナリオ／字幕・横関裕子

◆『天使の涙』劇場プログラム／シナリオ採録／字幕・岡田壯平

◆『タレンタイム～優しい歌』劇場プログラム／シナリオ採録／字幕・武井みゆき

◆『切腹』／橋本忍／『日本名作シナリオ選』下巻所収／日本シナリオ作家協会

◆『愛の誕生／秘密の子供』劇場プログラム／完全採録台本／翻訳・細川晋

◆『上意討ち　拝領妻始末』／橋本忍／浪漫堂シナリオ文庫

◆『丹下左膳余話 百萬両の壺』／山中貞雄／『山中貞雄作品集〈全１巻〉』所収／実業之日本社

＊読み仮名や句読点など、読みやすくするために多少手を加えたものもあります。

＊上記以外の海外作品については、なるべく噛みくだく方向で訳し直しました。字数の限られた中で研ぎ澄まされた映画
　字幕はすばらしいものばかりですが、スクリーンより多少はスペースの余裕がある書籍ですから、それをできるだけ活
　かしたいと考えたからです（予想どおりとはいえ、字幕翻訳家の仕事の偉大さに改めて恐れ入る結果となりました）。

＊本文中では、監督自身が単独で脚本を書いている作品のみ「監督・脚本」というクレジットにしました。

品川 亮
しながわ・りょう

1970年東京生まれ。著書『〈帰国子女〉という日本人』（彩流社）、
共編著『ゼロ年代＋の映画』（河出書房新社）。アンソロジー『絶望図書館』、
『トラウマ文学館』（ちくま文庫）、『絶望書店』（河出書房新社）では、英米文学短編の
翻訳を担当。映像作品には『H・P・ラヴクラフトのダニッチ・ホラーその他の物語』
（監督・脚本・絵コンテ／東映アニメ）などがある。
月刊誌『STUDIO VOICE』元編集長。

３６６日　映画の名言
2020年2月15日　第1刷発行
2024年2月1日　第3刷発行

選・文　　　品川亮
協　力　　　株式会社アマナ

装幀・装画　鈴木千佳子
ＤＴＰ　　　松下知弘

校　正　　　東京出版サービスセンター

発行人　　　塩見正孝
編集人　　　神浦高志
販売営業　　小川仙丈　中村崇　神浦絢子
印刷・製本　図書印刷株式会社

発　行　　　株式会社三才ブックス
　　　　　　〒101-0041　東京都千代田区神田須田町2-6-5 OS'85ビル 3F
　　　　　　TEL：03-3255-7995　FAX：03-5298-3520
　　　　　　http://www.sansaibooks.co.jp/
　　　　　　mail info@sansaibooks.co.jp